本书得到国家自然科学基金项目“企业绿色持续创新与发展的模式和机制研究”（70262002）资助

寻找增长的涌泉：企业可持续创新之路探索

Looking for Bubbling Spring of Growth: Exploration of How to Realize Enterprise's Sustainable Innovation

孙青春 著

经济管理出版社
ECONOMY & MANAGEMENT PUBLISHING HOUSE

图书在版编目（CIP）数据

寻找增长的涌泉：企业可持续创新之路探索/孙青春著．—北京：经济管理出版社，2012.6

ISBN 978-7-5096-1944-5

Ⅰ.①寻… Ⅱ.①孙… Ⅲ.①企业创新—可持续性发展—研究 Ⅳ.①F270

中国版本图书馆 CIP 数据核字(2012)第 108856 号

组稿编辑：陈　力
责任编辑：曹　靖
责任印制：杨国强
责任校对：李玉敏

出版发行：经济管理出版社（北京市海淀区北蜂窝 8 号中雅大厦 11 层 100038）
网　　址：www. E-mp. com. cn
电　　话：(010) 51915602
印　　刷：北京银祥印刷厂
经　　销：新华书店
开　　本：710mm×1000mm/16
印　　张：10
字　　数：190 千字
版　　次：2012 年 9 月第 1 版　　2012 年 9 月第 1 次印刷
书　　号：ISBN 978-7-5096-1944-5
定　　价：28.00 元

序

创新和可持续发展是当前社会实践活动的重要主题。创新是企业经济效益增长的源泉，是企业发展壮大的根本途径。在当今社会中，可持续发展已经形成普遍共识，并成为当前制约企业创新与发展的重要因素。追求经济、环境、社会整体效益，已经成为企业创新与发展的内在需求。然而，在激烈的竞争环境中，企业的经济、社会和环境效益往往面临尖锐的冲突。如何处理好这些冲突，如何实现可持续创新，是当前企业以及社会亟须解决的重要问题。

企业创新的实现受多种因素的制约。由于可持续创新与以获取经济效益为目标的创新在内涵和目标上有很大的不同，企业可持续创新动力、机遇、能力的具体内容和作用机制也会有较大的不同。作者基于可持续创新的新的内涵，从新的视角，对企业创新动力、机遇和能力及其相互作用进行了分析，建立了一个基于动力、能力和机遇三位一体的企业可持续创新实现机理理论框架，从理论和实践上进行了有益的探索，体现了研究深度和独特的应用价值。

作者首先对企业可持续创新的基本特征和相关概念的内涵进行分析，对企业可持续创新实现机理相关概念进行了界定。作者指出，企业可持续创新具有人本特性和系统特性。企业可持续创新是以人为核心，由技术、市场以及经济、政治、生态环境等诸多要素相互作用的系统工程。企业可持续创新的人本特性决定了动力来源于人，系统特性决定了是多个乃至全部因素相互联系、相互协同产生的综合效应。在此基础上，作者对企业可持续创新动力、机遇和能力进行了重新解释。与以往创新动力研究不同的是，作者强调人的需要是企业可持续创新动力的真正源泉，将对企业可持续创新的动力的分析聚焦到对人的动机及推动机制的深入分析，指出实现可持续创新需要充分发挥不同群体的主观能动性和创造性。考虑到企业可持续创新的系统性特征，以企业外部的自然资源、科学技术、政治经济制度、社会文化和市场需求为研究对象，开展了对企业可持续创新机遇的分析；以企业内部知识创新、技术创新、组织结构创新、企业制度创新、企业文化创新为研究对象，开展了对企业可持续创新能力的分析。基于以上分析，综合运用企业理论、创新理论、系统理论和可持续发展理论的基本思想，对企业可持续创新动力、机遇、能力的作用与相互关系以及这三者产生的综合效应进行了综合分析。作者指出，企业可持续创新的实现是企业可持续创新动力、机遇和能力共同作用的结果，三者缺一不可。企业可持续创新动力、能力、机遇及其相互关系，是人的需要、企业和企业外部资源之间的关系的反映，从更深层次看，则是人、人制造的工具、人生存的环境三者之间关系的反映。因此，从根本上说，企业可持续创新的理论依据是可持续发展理论。经济、社会、环境效益的整体协调增长是人类社会得以长期存在与发展的前提，而企业经济、社会、环境整体效益的增长，是企业得以持续发展的前提。最后，运用以上理论分析的成果，开展了典型案例研究，揭示我国企业可持续创新实现的动力、机遇、能力的基本特征以及相互作用、相互耦合的基本规律，对中国企业可持续创新动力不足的原因进行了分析，并提出了政策建议。

作者展现了一个企业可持续创新实现机制的图景，基于创新和可持续发展的本质特征，集中分析了创新动力、能力、机遇等相关内容，并就此展开了有探索价值的研究。从全书来看，作者的研究和探索并没有止步于理论上模型的构建，而是通过大量文献和实际应用案例，进行较为深入的剖析。从总体上看，企业可持续创新实现机制研究还有很长的路要走，这个过程中，需要探索和钻研的课题依然很多。

当前，我国企业社会责任运动深入快速发展，对企业创新提出了越来越高的要求。无论是从国际潮流还是国内实践的层面来看，企业可持续创新是企业创新的基本趋势，也是企业履行社会责任的重要内容和自身可持续发展的根本途径。企业社会责任的研究和实践本身也是一个动态发展变化的综合过程，它不断开拓新的主题，不断被赋予新的内容，从而不断走向深入。从这个意义上看，企业可持续创新实现机制研究对丰富企业社会责任理论研究有着重要的意义。因此，我希望作者能继续发扬钻研精神，在以后的研究工作中，不断取得新的成绩，贡献自己的力量！

钟宏武

2012年5月

目 录

1 绪 论

1.1 问题的提出

创新与可持续发展是当前人类理论研究与实践活动的主题。从历史上看，人类的一切活动都是为了满足自身的物质生活或精神生活的需要，人类的需要得到满足的程度受外部环境资源供给强度和自身获取能力限制。随着时间、地域以及在社会中所处的地位的不同，人的需要有着显著的不同，外部环境资源和自身能力状况也有着显著的不同。虽然科学技术有了极大的发展，社会制度与文化观念有了很大的变化，但时至今日，人的需要并不能得到完全满足。人类的历史就是人类不断运用自己的智慧和力量来满足自身需要的历史。

物质资料是人类的基本需要。长期以来，物质资料的生产在人类的生活中一直处于中心地位，经济增长成为人类活动的主要目的。经过长期的实践和研究，人们认识到，创新是经济效益增长的源泉，而经济效益的持续增长依赖于持续创新。

然而，“经济的持续高速增长并不能够自动地消除社会问题和带来社会文明进步”。[1] 单纯追求经济效益增长的创新在带来巨大财富的同时，也造成了全球日益严重的资源匮乏、环境污染和生态破坏。而且，经济增长也不能自动消除分配不公、绝对贫困以及其他许多社会不公正现象，无论是发达国家还是发展中国家，都面临同样的问题：人类对自然环境的破坏日益影响人们的正常生活，同时人类正在贫富差距和高度物质主义文化中迷失自我。物质财富的增长并不能保证人们幸福。拜金主义并不能使生活更丰富，相反，它毁坏了生活。[2] 对企业而言，把经济效益作为唯一目标，并不能保证企业基业长青。[3][4] 面对共同的环境和社会危机，人类提出了新的发展理念——可持续发展。“可持续发展不是简单的经济发展观，可持续发展强调的是经济、环境及社会的共同进步。可持续发展分解为生态的持续性、经济的持续性和社会的持续性三个方面，但整体性研究更为重要。”[5] 可持续发展理念自提出以来，虽然面临种种争议，在实施中面临诸多困难，但在全球已经形成基本共识，并由理论阶段走向实际操作。①由以经济持续增长为中心的持续发展模式向以获取经济、社会、环境整体效益为中心的可持续发展模式的转变，体现了人类在新的形势下，为满足自身长期的需要而在认识上和行为上的重大转变。

可持续发展呼唤涌泉式增长。在沙漠，在戈壁，一眼涌泉便会造就一片绿洲，一眼涌泉便会养育一方生命。涌泉的源源不竭，在于它发自地下深处，遵从自然变化发展的规律，汇细流而成河，连河而成网，它自身在不断增长壮大的同时，也在造就绿洲，造福人类。涌泉有以下几个显著特征。第一，它是动态的。涌泉是周围环境动态作用的结果，始终处于调整变化之中。涌泉因其动态性而充满活力。第二，它是自发的。涌泉是因为自己的富裕而自然溢出的。第三，它是源源不竭的。它顺应环境变化发展的规律，不断汇细流而发展壮大。自然规律是其成长的不竭动力。第四，它是健康的。涌泉源于自然，回报自然，回归自然。第五，它无私而惠及众生。因应自然而壮大，由壮大而惠及众生，这就是涌泉品质。涌泉的这种增长方式可称为涌泉式增长。涌泉式增长正是当前资源日益匮乏、环境不断恶化的情况下人类对增长方式的本质要求。人类生于自然，养于自然，长于自然，也应适应自然，保护自然，敬畏自然。企业需要发展自己的涌泉，走上涌泉式增长之路，才能生生不息，才能造福社会。

涌泉式增长源于可持续创新。创新是增长的源泉。涌泉式增长是一种可持续增长，可持续增长源于可持续创新。创新总是与特定的历史时期的需要相适应，创新的内涵在不断扩展，"对创新概念的狭义理解试图将技术与经济结合起来，对创新概念的广义理解力求将科学、技术、教育以及政治与经济融合起来"，[6]当可持续发展成为当前人类迫切需要时，可持续创新（Sustainable Innovation），即"同时关注环境、经济、社会和制度等方面整体效益"的创新模式，已经引起政府、企业和学术界的高度关注。现有的关于可持续创新研究的文献中，可持续创新并没有形成一个令人满意的定义，"因为'可持续'与'创新'本身也都处于广泛的讨论中。"[7]欧盟于1998年正式立项对21世纪可持续技术创新政策进行研究，该项目有欧洲10个国家的高校学术机构参与，将可持续创新定义为"基于可持续视角的技术创新"，包括两件不同事情：一是把可持续发展的当务之急和措施纳入创新过程或创新产出；二是创新过程或产出的直接目标是提高现在或将来广义上的环境的质量，并强调，这种创新不仅包括清洁技术和绿色技术的创新，同时也包括政治、经济、社会和生态相互作用的可持续性。[8]德国教育与研究部支持的"以可持续发展为导向的创新的框架条件"研究项目，将可持续创

① 李周．载滕藤，郑玉歆主编．可持续发展的理念、制度与政策［M］．北京：社会科学文献出版社，2004：前言第8页．

新定义为“促进可持续发展目标的实现”。[9]总的来看，可持续创新是指基于可持续发展观的创新，它的目标是追求经济、环境和社会整体效益的持续增长。可持续创新是当前这个特定的历史时期出现的新事物，是当前人类满足自身需要的必然选择。这里的可持续创新是人类社会整体意义上的可持续创新。随着人类生存环境的持续恶化和可持续发展进程的不断深入，企业在可持续发展中的作用越来越得到重视，企业可持续创新已经引起人们的广泛关注。

可持续创新是优秀企业的必然选择。企业唯有依靠持续创新，才能生存和发展，这已成为不争的共识。然而，人类对可持续发展的追求，对企业持续创新提出了更高的要求。企业在当今社会中发挥着前所未有的影响。“今天的公司概念不仅仅是组织经济活动的工具，它们正在成为我们生存的环境。我们将宝贵的时间直接或间接地用在公司上，这是我们生存的基础，为我们带来用于生活的工资与投资收入。即使我们不工作了，我们也要花费大量的时间与公司发生联系，它遍及生活的方方面面。”[10]“企业是社会中最具有影响力的组织之一，国家的竞争力取决于企业的竞争力，国家增长方式的落后，实际上是企业发展模式的落后，国家经济增长质量的低下，实际上是企业效率的低下……如果我们强化企业的公司责任，包括社会责任、环境责任，对于真正转变中国的增长方式是决定性的，是基础性的 。”①而随着公司作用的扩大，它逐渐取代了先前由个人、政府及其他非公司组织所行使的功能。在许多情况下，应用在这些非公司组织的道德标准已经被公司取代。当前，人们对优秀公司提出了更高的要求，“在一定程度上，诚实、公正和品德已经被视为考察一个公司是否杰出的独立因素，不能把它们仅仅视作为经济决定论服务的附庸，它们也不仅仅是杰出的偶然驱动因素，而是杰出的应有的内在因素。它们本身就是杰出的组成部分。因为公司如果不能拥有它们就不可能是杰出的”。[11]对优秀企业提出更高要求，一方面是因为这些优秀企业在现代社会中影响巨大，另一方面则是因为这些经济上非常成功的企业，通常也是优秀人才、先进技术、社会资源较为集中的组织，这样的企业无论在资源占有还是在利益分配上都处于强势地位，这种资源优势和利益优势又呈现出相互促进、相互加强的趋势，使这些企业在“创造性毁灭”过程中，长期处于强势地位，这既造成了企业与企业之间的差异，也造成了人与人之间的差异，而且这种差异在市场经济制度下，存在着不断扩大的趋势。因此，缩小差异，让这些企业履行更多的环境和社会责任，这也是维持社会稳定的必然要求。因此，从某种意义上说，可持续创新是这些优秀企业能够长期稳定发展的必然选择。

各国政府普遍要求企业创新具有可持续性。很长时期以来，西方发达国家就

---

① 陈清泰．载中日产学论坛第 5 期活动实录［EB/OL］．http：//japan. people. com. cn/GB/35463/35483/4276547. html

对企业的环境责任、社会责任提出了要求。早在1973年11月，欧盟的前身欧共体就制定实施了第一个欧洲环境计划，并注重加强相互间的合作，合作治理环境。[12]日本在20世纪70年代开始公害治理运动。日本政府非常重视运用先进技术节约能源和资源，鼓励绿色产品开发和绿色技术出口。加拿大联邦政府1993年制定了绿色技术计划，该计划被列入联邦重大科技计划。美国政府1994年7月发布了《面向可持续发展的未来技术》报告，并颁布了多种法令法规来监督社会活动及市场秩序。[13]这些政府行为，对企业创新产生了重要的导向和制约作用。随着经济全球化和可持续发展影响的不断深入，发展中国家和欠发达国家的政府也都对企业环境责任、社会责任提出了要求。近年来，中国经济得到了迅速发展，但资源短缺、环境污染、贫富差距增大、绿色创新能力较差等问题十分突出。虽然面临经济发展的巨大压力，中国政府还是坚定地把可持续发展、建设和谐社会列为基本国策。可持续发展意味着中国政府将经济、社会、环境整体效益作为国家发展的目标，建设和谐社会意味着中国努力建立一个"能使各个阶层的民众都有自己的生存、发展和享受的空间，能使各个阶层的人群都有积极性，能发挥出各自的活力"的社会。[14]为此，中国政府对企业生产过程中的污染物的排放以及产品的环保、健康属性实施了越来越严格的限制，先后制定了多部环境保护法律、资源管理法律以及多项环境资源行政管理法规，在许多问题上，实行环境保护"一票否决权"。这种趋势还在加强。最近，国家环保总局潘岳副局长强调，中国严峻的环境形势使中国比发达国家更迫切需要出台环境经济政策。温家宝总理指出："解决环境问题必须实现历史性转变，即从主要用行政办法保护环境转变为综合运用法律、经济、技术和必要的行政办法解决环境问题。"[15]同时，政府对企业的社会责任提出了更高的要求，国务院国资委专门制定下发了《关于中央企业履行社会责任的指导意见》，对中央企业履行社会责任提出了明确要求。[16]中国政府正以实际行动推动企业走可持续创新的道路。

社会公众期望企业履行更多的环境责任和社会责任。长期以来，众多的非政府组织以不同的方式推动企业创新符合可持续发展要求。1995年，由可持续发展工商理事会（BCSD）和世界环境工业理事会（WICE）合并成立了世界可持续发展工商理事会（WBCSD）。WBCSD相信，可以通过改变社会期望寻找支持企业向可持续性转换的机会。多年来，本着促进经济增长、生态平衡、社会进步协调发展的理念，它依托其全球网络，在全世界范围内推行可持续发展理念，吸引了1000多位全球商业领袖参与活动，发展到石油、化工、汽车、电力、钢铁、采矿等20个主要行业，拥有194个会员企业，包括壳牌公司、通用电气公司、IBM公司等许多国际知名企业。WBCSD当前特别关注三个主题：全球化、中国与印度和能源与气候，以及与此紧密相关的八个议题：水、生态系统、人口、城市化、扶贫问题 、信任度与透明度、媒体及金融市场。WBCSD 对企业的可持续创新产生了直接的推动作用。在中国企业联合会会长陈锦华的积极倡导下，在世界可持续发展工商理事会的支持和各理事单位的共同努力下，中国企业联合会可持续发展工商委员会于2004 年 1 月正式成立。中国企业联合会可持续发展工商委员会的宗旨，就是为中外企业提供一个良好的交流合作平台，促进企业、政府和社会组织之间在可持续发展领域的对话、交流和合作，彼此分享和借鉴可持续发展领域的理念、信息、经验和良好做法，以更好地应对环保、健康、安全、企业社会责任、全球气候变化等挑战，实现世界可持续发展。中国企业联合会可持续发展工商委员会的目标，就是努力倡导和促进企业向可持续发展转变，成为工商界在环境和可持续发展领域的领先者，为政府制定政策提供依据并为工商界创造政策实施的框架，有效推动可持续发展事业，推进中外企业交流合作，介绍和展示工商界在环境和资源管理方面的最新成就，分享最先进的管理理念和经营理念，增强企业社会责任和全球竞争力。中国企业联合会可持续发展工商委员会成立以来，加强与国际组织、国内外企业、地方政府的交流与合作，使可持续发展的经验得以分享，企业会员总数已经发展到 30 多家。[17]更多的社会组织、媒体和普通民众，正日益关注企业在公益事业方面的表现。中国四川汶川地震后，企业捐赠的透明程度及其引起的广泛讨论表明，企业公共形象正受到前所未有的关注。

现代市场要求企业可持续创新。随着全球环境的持续恶化和各国环境保护意识的迅速增强，对环境产生负面影响的产品已经并正在迅速失去消费者的认可，市场空间的丧失比估计的还要快。顺应可持续发展理念的绿色产品正面临前所未有的历史机遇，一个巨大的潜在市场已经显现出冰山一角。一个企业只有同时具备环保和社会意识，并贯彻到其开发的产品中去，企业的长期商业收益才能得到保证。投资者也更倾向于向这些可持续发展性的企业投资，这类企业可以有效降低投资者的投资风险，同时帮助投资者获得潜在的高额回报。[18]以全球契约为代表的跨国公司新一轮发展趋势表明，市场竞争规则正在出现重大变化。如今，参与市场竞争，公司不仅仅要为股东利益最大化负责，还要为股东之外的企业利益相关者负责；参与竞争的目标不仅是企业的生存和发展，还要把企业发展与社会、环境的发展协调起来；参与市场竞争的方式已经从弱肉强食变成合作竞争；竞争的结果也从你死我活到互利共赢。[19]现代市场需求和市场竞争规则的变化显示，只追求自身经济利益的企业是没有前途的。

企业自身的生存发展要求企业可持续创新。研究表明，忽视环境保护的企业往往难以持久，而优秀的、得到持续发展的企业往往关注环境保护，“走绿色持续创新道路，致力于经济和生态环境的协调发展，是当前中国优秀国有企业持续创新的一个重要发展趋势”。[20]企业的社会责任行为与企业盈利的经济行为常常是同时发生的，两者没有时间上的先后之分。企业的社会责任行为源于企业经济行为的外部性，完全不产生外部性的经济行为是没有的。企业因其经济行为制造了社会后果，就必须承担由此后果所带来的社会责任。[21]企业履行社会责任往往是自觉的。对企业来说，诚实是首要的因素，因为大多数人都愿意与他们信任的人做生意，所以诚实常常是一个竞争优势。所谓为人诚实（Being Committed To Honesty），指的是把尊重事实看作具有内在价值的品质，而不是把它当作一个需要“具体情况具体对待”的东西。只有当一个人为了诚实本身而诚实的时候，他才能够获得人们的信任并获得经济上的好处。[22]曾经是云南省最大的环境污染企业之一的驻昆解放军化肥厂厂长申守明指出：该厂曾经大量排放二氧化硫废气、硫化氢粉尘和含苯酚的废水，给企业所在城市造成了污染，然而，受害最大的还是处于污染中心的本企业员工和家属，因此，企业自身就必须把减污、节能降耗作为关系到企业员工身家性命、健康长寿的根本大事，还要通过节能降耗从排放污物中回收有用物质，产生新的经济效益。该企业已经初步实现了七年的绿色持续创新，取得了显著的经济、环境和社会效益。[23]

一些优秀企业一直在自觉或不自觉地寻求经济、社会和环境效益的共同增长。不同的企业对社会和环境责任的关注，其起因和目的往往并不相同。“有的公司是因为面临的危机或丑闻，另外一些公司则是因为公司主管的个人信仰或合乎逻辑的推理和反应的过程。有一些是问题驱动的，另外一些则是机会驱动的。大多数公司都在有利因素和不利因素的相互作用中走到了这一步 。”壳牌公司（Royal Dutch/Shell）自 1998 年起，试图把公司引上一条能够把社会、环境和经济等获得出色业绩的要求完全一体化的道路。公司开发了新的管理框架和决策工具，设立了新的运作标准，修改了关键的商业流程，确认了新的业绩评估标准，并扩展了其每年公开发表的业绩报告，使之同时包括社会、环境和经济方面的数据。AES 公司在 1991 年上市时，在招股说明书中描述了公司对四项价值观念的承诺，即诚信、公平、趣味和社会责任，“公司坚持这些价值观念并不是把它作为获得商业成功的方法，而是因为坚持本身就是值得追求的目标”。招股说明书中还申明：如果这些价值观念与营业利润的提升发生了冲突，公司将坚持它的价值观，即使这么做可能导致“盈利下降和错失商业良机”的结果。[24]近年来，中国一批优秀企业也把履行社会与环境责任视为自己的职责，公布了自己的社会责任报告或可持续发展报告。

从以上分析可以看到，无论是从政府、社会和市场需求，还是从企业的长期生存发展来看，追求经济、环境和社会整体效益，已经成为企业创新的基本趋势，而且一些优秀企业已经不同程度地走上了通过创新追求经济、环境和社会整体效益的道路。然而，在激烈而具体的市场竞争中，企业对经济、社会和环境效益的选择，往往面临尖锐的冲突，仍有大量企业不惜牺牲环境和社会效益，以获得经济利益。企业怎样实现可持续创新，已经成为当前企业创新和社会可持续发展理论和实践需要解决的重要问题。

1.2 企业可持续创新实现机理研究的理论意义和实际意义

对企业可持续创新实现机理的研究就是帮助企业寻找增长的源泉，帮助企业走上涌泉式增长之路。本书选题源于参与导师昆明理工大学向刚教授主持的国家自然科学基金项目——“企业绿色持续创新与发展的模式和机制研究”。在进行企业绿色持续创新与发展的研究中，我们发现，中国大部分企业把经济效益增长作为创新的唯一目的，从而造成这些企业在认识上和行动上与可持续发展的要求差距较大。这样一来，一些企业在自己快速发展的同时，也对社会和环境造成了直接危害，一些企业甚至由于忽视了社会与环境问题，而被强制关停。也有一些企业虽然致力于经济、环境和社会的协调发展，但由于种种原因，创新却难以持续下去。只有少量优秀的企业能够同时兼顾经济、环境和社会整体效益，得到长期、稳定的发展，在国内外都具有较强的竞争力。到目前为止，中国公开发布可持续发展报告的企业寥寥无几，而且公开发布可持续发展报告的企业多限于大型国有企业。总的看来，中国企业如何实现可持续创新，在理论上并没有形成统一的认识，在实践中也没有一个成功的固定模式。在世界范围内，也主要是一些大型跨国公司公开承诺将履行社会责任和环境责任，并采取了有效的行动，更多的企业并没有或者只是很有限地、被动地履行社会责任或环境责任。这使我们很自然地开始思考这样的问题：既然企业追求经济、环境和社会的整体效益已经成为政府、社会和企业的普遍需要，为什么只有很少的优秀企业能够做到，而大量的企业却做不到？对这些问题，无论从理论上还是实践上，都迫切需要给出较为系统、全面的解答。企业可持续创新实现机理问题，是中国乃至全世界企业创新面临的迫切需要解决的理论和实践问题。

从理论上看，在世界范围内，可持续创新对社会整体而言，是很容易理解的，因为追求经济、环境、社会的整体效益对社会是有利的，但企业是否应该同时追求经济、社会和环境效益，仍存在很大争议。关于环境保护与企业竞争力的关系，就存在乐观派与悲观派两种认识。[25] 乐观派认为，动态地看，环境保护有利于提高企业的竞争力，环境保护将激发企业开展技术创新尤其是绿色技术创新活动；环境管制的外在影响将有利于降低企业内部的X－效率；对于发展中国家来说，实行较严厉的环境政策是取得未来竞争优势的重要途径之一，实行环境保护可以获得环境和经济的双重收益，即环境保护具有双赢效应。悲观派认为，环境保护不利于提高企业的竞争力，环境保护将提高企业的生产成本，使企业工艺流程复杂，管理难度加大，管理费用增加，降低企业资本的比较收益，不利于企业的技术创新活动，分散管理者的精力。关于企业社会责任也存在赞成与反对两种观点。[26]赞成者认为，企业社会责任可平衡企业权力与责任，减少政府规制力度，纠正企业带来的社会问题，使企业获取长期经济利益，适应变化的股东要求。反对者认为，企业社会责任会降低经济效率，减少经济利润，增加企业间不平等成本，把部分隐性成本强加给利益相关者，将责任强加给企业而不是个人，而且企业需要具备处理社会事务的能力。不同的认识，正反映了企业可持续创新的复杂性、艰巨性。与此同时，虽然企业可持续创新已经受到广泛的关注和认可，但从现有的文献看，企业能否实现旨在获得企业经济、环境和社会整体效益可持续增长的可持续创新？可持续创新的实现与哪些要素有关？这些要素之间是怎样的一种关系？对这些问题深入、系统的研究甚少。

从实践中看，如何处理企业与社会、企业与环境的关系，一直处于探索之中。在计划经济体制下，企业是政府的工具，历史已经证明，这样的企业是低效率的。在自由市场经济体制下，企业追求经济利益，企业赚取利润、社会承担环境成本和社会成本的现象十分普遍，这对整个社会的长期发展也是不利的。也就是说，企业无论是完全为社会服务，还是完全为自己谋取经济利益，对整个社会来说，都是低效率的。同时，经验告诉我们，就企业而言，完全唯利是图的企业和完全不求回报的企业都是不能长久的。

然而，企业要同时实现经济、环境和社会效益，还面临重重困难。以药品生产企业为例，药品直接关系到公众的健康和生命安全，一般来说，制药企业应该将经济、社会和环境利益置于同等重要的地位，从某种意义上说，制药企业应将社会利益置于经济利益之上。然而郑筱萸一案[27~36]显示，众多的政府官员和企业为自身的经济利益而置社会和环境利益于不顾。1998年3月，国家药监局成立，其基本职能是为医药行业制定标准和行业规划，并掌管着新药品审批的生杀大权，郑筱萸成为国家药监局首任局长。郑筱萸有23年药厂工作经验，曾被评为“全国劳动模范”，入选首届全国医药行业优秀企业家。郑筱萸推崇西方制药行业治理观念，上任之后推行了一系列新政策，这些政策措施对化解中国加入WTO后制药行业面临的知识产权障碍，提高药品审评效率都有一定的作用，当时也赢得了广泛的好评。然而随着“齐二药”、“奥美定”、“欣弗”等重大医疗事件接连发生，以及一些企业弄虚作假的现象不断被揭发，药品审批、注册及医疗器械等环节存在的深层问题随之暴露出来。郑筱萸涉嫌8项受贿起诉和3项玩忽职守的起诉。郑筱萸为双鸽集团有限公司等多个制药企业谋取利益，直接或通过其亲属非法收受大量财物（折合人民币649.1758万元）。最终，郑筱萸被依法判处死刑，涉案企业也受到了应有的处理。郑筱萸一案引起了社会的广泛关注，引发了各种的思考。笔者认为，从企业可持续创新的视角来看，郑筱萸一案突出地反映了这样几个问题。

首先，制度设计的缺陷和制度执行中的巨大偏差，会给企业可持续创新带来重大的不利影响。这集中地体现在制药企业GMP认证和药品地方标准升国家标准两项政策的设计和执行上。GMP认证过程中，国家药监局只是在技术硬件方面对药厂做出硬性要求，难以对企业生产过程进行控制，这使企业只重审批不重监管，并出现了大量弄虚作假的现象。地方标准升国家标准的审批权力掌控在少数政府官员手中，而且没有一个公正的中间机构监督，这导致大量的对旧药略加改动而成的“新药”能够顺利通过药品注册部门的审批。这种制度设计和执行上的不完善，必然使企业在认识上和行动上产生巨大偏差，因此，许多制药企业在GMP认证和新药审批过程中弄虚作假，权钱交易几乎成了公开的秘密，这可能使想要可持续创新的企业反而在市场中缺乏竞争力。其次，不正当的利益追求，也会给企业可持续创新产生不利的影响。显然，将此案的发生完全归因于制度是不合适的，因为在任何时候，制度都不可能约束所有的行为，而从根本上说，人的行为是受其动机支配的。此案的发生，在很大程度上是由于相关人员的不正当动机造成的。一些政府官员作为制度的设计者和执行者，不能以维护公共利益为出发点，而是利用一切条件谋取私利；一些相关的社会组织、媒体及普通民众，为维护自身利益，对政府官员腐败行为和企业弄虚作假行为并没有进行有效的监督和坚决的斗争，甚至“怕打击报复”成为普遍现象。[37] 由于药品的研发、生产和使用都极其复杂，而受害者索赔成本又高，消费者往往处于弱势地位，难以形成对企业有效的约束。一些制药企业在经济利益驱动下，不仅不相互监督，甚至联合起来做假，地下“药品批文市场”和钱权“黑金”交易就此产生，“齐二药”事件中的“亮菌甲素注射液”和“欣弗克林霉素注射液”都是此类新药。由此可以看到，政府官员、社会公众、消费者、企业人员的动机对企业可持续创新产生的直接影响。最后，企业创新能力的不足，也会对企业可持续创新产生不利的影响。从郑筱萸一案可以很清楚地看到，很多制药企业为了规避国家旧药降价的政策风险，走的是旧药翻新的道路，而不是开发真正具有自主知识产权的新药，这也暴露出众多的制药企业本身知识创新能力和技术创新能力的不足。

再看其他的情况。中药在中国已经存在了数千年，治愈了无数的病患，在中国有着广大的市场。然而，中药一直难以进入西方发达国家市场，其根本原因在于：用现代科学技术难以解释中药的作用机制，同时，西方发达国家也难以接受中医药文化。天士力制药股份公司的复方丹参滴丸能够以药品身份正式通过美国食品药品监督管理局（FDA）的临床用药申请，也是借助于现代科学技术手段证明之后才得以实现的。这表明，企业可持续创新不仅仅与国家制度有关，还与科学技术发展水平和社会文化观念有着密切的关系。同时，对于一些掌握了先进的绿色技术的企业来说，如果不能占有足够的自然资源，企业可持续创新也难以进行。例如，云南铜业股份公司从国外引进了先进的艾萨炉炼铜技术，并在此基础上进行了一系列的改进型创新，目前，其绿色炼铜技术在世界范围内都处于领先水平，但由于缺乏自然资源，公司技术能力的发挥和企业的全面发展都受到很大制约。自然资源也是影响企业可持续创新的重要因素之一。此外，中国在企业组织结构、企业制度、企业文化创新方面也存在许多不足。“国企没有真正发自企业内心、符合企业长远发展要求的个性文化，有的国企虽然有了自己真正意义上的文化，但是说一套做一套、言行不一、制度不定、人治代替法治，有制不行，有章不循，不能真正落地。”[38]

随着可持续发展和经济全球化进程不断加快，各国企业都在一个新的、可持续发展的背景下寻求生存和发展，可持续创新逐步成为各国优秀企业努力培育的竞争优势之一。但是，相对于西方发达国家的企业而言，可持续创新的一些要求对中国的许多企业而言还十分陌生，许多中国企业对来自西方发达国家的企业环境责任、社会责任思想还缺乏认识，环境壁垒、社会责任壁垒已成为制约许多中国企业发展的突出问题。系统的关于企业可持续创新实现机理的研究，可以为企业实现可持续创新实践提供范例和理论指导，帮助企业在新的形势下获取竞争优势，同时也可以为国家制定政策提供借鉴，为我国建立有效的、有利于企业实现可持续创新的推动机制，建立有利于企业实现可持续创新的国家可持续创新系统提供参考。

1.3 本书的研究思路、方法和全书结构

任何一项研究都是在前人研究和自己知识积累的基础上进行的。笔者对企业可持续创新实现机理的分析，是在国内外企业研究、创新研究、可持续发展研究、系统理论，以及自己参与国家基金课题“企业绿色持续创新与发展的模式和机制研究”工作的基础上进行的。对企业可持续创新实现机理的研究，也是对这个国家自然科学基金课题的深化研究。向刚教授在企业持续创新研究中指出，企

业持续创新是一项艰巨而伟大的事业，需要创新者具有强大而持久的创新动力、卓越的创新能力和不可或缺的持续创新机遇三大要素及其成功的相互耦合才能得以实现。实现企业的持续创新，企业持续创新动力要素、能力要素和机遇要素缺一不可，而且三种要素之间相互作用和耦合产生良好的系统组合效应必不可少。三种要素中的每一种，都构成一个具有多因素、多层次结构的相当复杂的系统。基于三种要素的企业持续创新实现机制具有更为突出的复杂性和系统性。此外，由于企业持续创新的机遇要素的动态性、不稳定性和易消失性，大大增加了企业持续创新的实现难度。在这些分析中，向刚教授给出了企业持续创新动力、持续创新能力、持续机遇的概念、基本特性以及动力、能力的要素构成，并在此基础上建立了企业持续创新能力定量模糊评价模型。[39]

“企业绿色持续创新与发展的模式和机制研究”的相关研究成果，特别是企业持续创新实现机制中动力—能力—机遇模型，也是本书分析企业可持续创新实现机理的基本思路。但由于企业可持续创新与一般经济意义上的企业持续创新在内涵上有一定的区别，因而企业可持续创新动力、机遇、能力在要素构成及要素间的关系上也有较大的区别。

从概念的内涵上看，企业持续创新是基于企业经济意义的长期增长和企业长期发展意义上去分析的，企业持续创新有三个基本特性：时间持续性、经济效益增长持续性和企业持续发展特性。[40]企业持续创新的核心思想是，企业的基业长青源于企业持续创新。无论是持续创新还是绿色持续创新，企业创新的目标都是经济利益的增长，这里的创新仍是经济意义上的创新，企业即使在环境保护和社会责任方面开展了工作，但也都是为企业最终获得经济效益服务。企业可持续创新是指企业基于可持续发展观的创新，可持续发展是建立在经济、社会、自然环境的协调发展的基础上，这里的企业可持续创新将经济、环境和社会的整体效益作为企业创新的目标，相应地，也正是经济、社会和环境整体效益的增长，使企业得以长期生存和发展。也就是说，单纯的经济效益的增长，对企业的长期生存和发展是不够的，经济、环境和社会效益缺一不可，这才是企业得以生存和发展的原因。企业可持续创新是人类社会可持续发展的基本要求，为人类社会可持续发展服务，同时，企业也在人类社会可持续发展中得以生存和发展，企业的生存和发展也受可持续发展理论指导。由于本书所研究的企业可持续创新在实现的基本目标上，是追求经济、社会和环境的整体效益，相对于主要目标是追求经济效益的一般意义的企业创新乃至企业持续创新而言，有着重大的区别，因此，企业可持续创新的难度更大，对企业内外部条件的要求更高。同时，企业可持续创新效益的外溢性更加突出，涉及的范围更广。由于创新目标的这种变化，企业可持续创新动力、机遇、能力的内涵更为丰富，企业可持续创新的实现需要更强的外部力量推动和更好的外部机遇。这也意味着，对企业可持续创新动力的分析不能仅限于企业内部，而应从一个更广泛的意义上去考察；对企业可持续创新机遇、能力的分析，需要围绕追求经济、环境和社会整体效益的意义上去考察。

由于企业可持续创新与企业持续创新在内涵上的不同，尤其是企业可持续创新实现的目标内涵更为丰富，因此，相应地，企业可持续创新动力、能力、机遇的内涵也有很大的不同，相互之间的作用机理也会有很大的不同。

本书对企业可持续创新实现机理的研究，就是采用企业持续创新和企业绿色持续创新实现机制模型即动力—能力—机遇模型的基本思想，综合运用企业理论、可持续发展理论、企业持续创新理论、系统理论和心理学研究成果，以西方发达国家典型企业和我国优秀企业的创新实践为背景，分析企业可持续创新动力、能力、机遇的要素构成、相互关系及相互作用，以及动力、机遇、能力产生的综合效应，探索企业可持续创新实现机理，建立企业可持续创新实现机理理论框架，为推动我国乃至全世界的企业走上可持续创新道路提供参考。

本书主要完成以下工作：一是在现有文献和企业创新实践分析的基础上，对企业可持续创新相关概念的内涵进行分析和界定，建立企业可持续创新实现机理分析框架。二是分析企业可持续创新动力、机遇、能力及其相关要素相互关系与相互作用。三是分析企业可持续创新动力、机遇、能力综合作用，并建立动力、机遇、能力及企业可持续创新实现要素综合效应定量分析模型，揭示企业可持续创新实现机理。四是完成典型案例研究。

创新具有人本特性和系统特性。“创新是一个以人（企业家和企业员工及一切利益相关者）为核心的，由技术、市场、社会经济、政治、生态环境诸多要素相互作用形成的创造性动态系统，这就是创新的人本特性和系统特性。创新的人本特性决定了企业家和企业员工的创新精神和利益驱动是创新最核心的动力来源，创新的系统特性决定了推动创新得以实现的动力不可能是以上某一因素或某几个因素的单独作用，而是多个乃至全部因素相互联系、相互协同的耦合作用。”[41]相对于一般意义的企业持续创新而言，企业可持续创新的内涵更为丰富，人本特性和系统特性更为突出。因此，本书在分析企业可持续创新实现机理时，坚持以人的需要与满足为分析的出发点和归宿，以对人的本性的理解与管理为基本思路；坚持以系统理论的基本思想作指导，用系统理论的基本思想分析企业可持续创新实现机理；坚持突出中国特色，因为企业可持续创新通常与一个国家的历史传统、文化观念、制度环境及自然环境有着密切关系。对我国企业可持续创新实现机理的分析，是在立足于我国是一个发展中国家，立足于我国实行的是社会主义市场经济，立足于我国是一个有着优秀传统文化的国家的基础上进行的，因此，对中国特色企业可持续创新道路的探索，具有更强的理论和现实意义。

本书采用定性与定量分析相结合、理论分析与案例研究相结合、全面分析与重点分析相结合的研究方法。定性与定量分析相结合，是指运用企业理论、创新理论、可持续发展理论、系统理论和现代心理学、行为科学研究成果，定性分析企业可持续创新实现的动力、机遇和能力的要素构成、相互关系和相互作用；利用模糊评价工具定量评价动力、机遇和能力的大小及其组合后产生的综合效应。理论分析与案例研究相结合，是指一方面以现有文献及国内外企业案例实践为基础，进行带有一定普遍意义的、系统的理论综合研究；另一方面，对我国初步成功实现了可持续创新的典型企业案例进行重点分析，揭示我国企业可持续创新实现的动力、机遇和能力的基本特征与作用规律。全面分析与重点分析相结合，是指以建立理论为目的，进行全要素分析，对重点内容分析表象后面的原因，甚至原因的原因。

本书包括 8 章。第 1 章绪论，包括问题的提出，企业可持续创新实现机理研究的理论意义和实际意义，本书的研究思路、方法和全书结构等内容；第 2 章企业可持续创新实现机理研究的理论基础，包括企业理论、创新理论、可持续发展理论、系统理论文献综述；第 3 章企业可持续创新实现机理分析的基本理论框架，包括企业可持续创新实现机理的相关概念、企业可持续创新实现机理分析的基本框架；第 4 章企业可持续创新动力，包括动机—行为理论，企业可持续创新动力相关要素构成、要素间的相互关系和相互作用，定量评价模型等；第 5 章企业可持续创新机遇，包括企业可持续创新机遇相关要素构成、要素间的相互关系与相互作用分析，定量评价模型等内容；第 6 章企业可持续创新能力，包括企业可持续创新能力相关要素构成、要素间的相互关系与相互作用分析，定量评价模型等内容；第 7 章企业可持续创新动力、机遇、能力的综合作用分析；第 8 章结论与展望。

2 企业可持续创新实现机理研究的理论基础

企业理论、创新理论、可持续发展理论和系统理论是企业可持续创新实现机理研究的理论基础。

2.1 企业理论文献综述

企业是一种特殊的制度安排，是一种特殊的人与人的关系的总和，是人类满足自身需要发明的重要工具之一。不同的人、基于不同的视角，对企业的认识有着显著的不同，并赋予了企业不同的意义。企业可持续创新之所以受到广泛关注，是因为企业作为市场的细胞、创新的主体，随着市场经济在全世界范围内拓展，在人们生活中发挥着越来越大的作用。企业可持续创新不是某一个企业的问题，而是一种新的创新模式；不是一个简单的经济问题，而是涉及经济、政治、制度和文化等许多方面；不只是与企业内部成员有关，与政府官员、社会公众、消费者等不同群体都有着密切的关系。对企业理论的回顾，有利于对企业可持续创新进行更为深入的分析。

2.1.1 经济学家对企业的认识

总的来看，经济学家是从资源配置和资源利用效率的视角分析问题。企业是现代市场经济中最重要的细胞，是经济学家最宠爱的对象。①

亚当·斯密将劳动分工、专业化与劳动生产力的增进联系起来，关注企业内部经济。斯密生活的时代，企业组织尚处于萌芽阶段，是一种“初级”企业形态。

马歇尔认为企业如同生物体一样，是一个有机体，而不单单是劳动者的组合。在组织演进过程中，起决定作用的机制是自然选择。每一种特色的组织形式

① 杨瑞龙主编．企业理论：现代观点［M］．北京：中国人民大学出版社，2005：1~37.

都有相应的优点和缺点。在一个动态过程中，个人财产并不能完全反映个人经营能力。自然在生产上所起的作用表现出报酬递减的倾向，而人类所起的作用则表现出报酬递增的倾向。劳动和资本的增加，一般导致组织的改进，而组织的改进增大劳动和资本的使用效率。这意味着组织，尤其是工业组织是决定报酬递增的主要力量。企业是一个不断演化的组织，演化的动力有两个：一是来自外部的竞争压力，即企业作为整体必须适应的所处的环境及其变化，只有“适者”才能生存，虽然“适者”不一定是最好的；二是来自内部的利益冲突，由于物质资本和人力资本在企业成长过程的相对地位发生变动，导致资本的所有者不断修正自己的利益目标，从而产生了利益摩擦，组织的变革正是这种冲突的结果，当事人通过制度创新来界定各自的责权利，以实现新稳定性均衡。

弗兰克·奈特（Frank Knight）提出，正是不确定性和错误预期的可能性导致了利润的产生。人们不仅在有效控制他人的能力和决定应该做什么的智力上存在差异，而且在根据个人主见行事和风险承担能力上也存在差异。人们风险承担能力的不同促使人们寻求风险重新分摊的有效方式，而企业正是这种可以降低风险成本从而提高经济效率的制度安排者。企业家承担不确定性成本。作为向雇员提供固定工资的回报，企业家要求对雇员在企业内的活动进行控制。由于接受监督，雇员也会要求事前签订固定工资契约作为某种程度的控制权转移的补偿。这种风险分担安排由于将企业面临的风险让最愿意承担风险的人承担，所以大大地提高了企业的生产效率。企业的根本特征在于企业内部权威关系的存在，即企业家享有对员工活动的控制权。这就为企业存在提供了效率根据。减少不确定性的可能构成企业规模扩张的动力。个人制企业被合伙制取代、合伙制被公司制取代，都是因为较高形式的组织经营范围更广，能够大大减少不确定性，降低资本风险。企业家由于承受了不确定性而获得了回报，企业利润也来自于对这种不确定性的承担。所以企业家对于企业的生存和发展至关重要。

阿尔钦和德姆塞茨认为，企业生产是一种使用不可分割技术的团队生产，在这样的团队生产中，每个团队成员的边际产出很难精确度量，个人贡献和报酬无法准确挂钩，团队成员就可能偷懒（Shirking）和“搭便车”（Free Ride）。为了减少这种道德风险，就必须让某些成员监督其他成员的工作。这个最后的监督者本人必须没有偷懒的动机，因此他必须是企业的剩余索取者。最后考虑到对资本使用的监督成本，这个拥有企业剩余索取权的监督者应该由资本家来担任。这样就产生了资本主义企业。伯利和米恩斯提出了“所有权与控制权分离”理论。他们强调股东的分散化使股东在公司的物质资本属“消极的”，而对公司发展更为重要的是经理人员的“积极的”人力资本，这种积极的人力资本也有自身的权益，从而导致经理人员和股东之间的矛盾。对股东来说，只消极追求投资收益，存在“短视”现象，而经理人员从人力资本的角度考虑，更注重长远发展，即对于经理人员而言，考虑公司的社会责任可能更有利。

在萨缪尔森等新古典经济学家看来，经济体系就是一个由参数和变量构成的联合方程组表示的一般化的均衡体系。其中，参数代表经济环境，是外生的；变量则是由体系本身决定的，需要解出的结果；方程代表均衡条件。

科斯认为，企业是为了节约交易费用而产生的。在企业中资源配置是通过权威和命令来进行的，市场上资源配置则是通过价格机制调节完成的。企业中资源配置产生组织成本，市场上资源配置产生交易费用，企业的边界（规模）就决定于这两种成本的边际相等。在企业内部之所以“允许某个权威来支配资源”，是因为企业用一个长期契约取代了市场上的一系列合约。威廉姆森通过引入资产专用性、交易频率和不确定性这些交易维度，并在有限理性和机会主义的行为假设基础之上，认为应将不同的交易属性与不同的治理结构相匹配，以节约有限理性并抑制机会主义。在一个交易费用为正的世界中，除现货交易之外，市场合约总是不完全的。为防患于未然，专用性资产的投资方就会自己生产所需要的投入品，而不是到市场上去订购。这种纵向一体化措施就产生了企业，它能避免市场交易中的“敲竹杠”现象，从而降低了交易费用。至于谁一体化谁，则应将资产所有权赋予对未来结果影响最大的一方。诺思及其他演进经济学家用适应性效率重新表达了“适者生存”的法则，诺思还用“锁定”效应解释了马歇尔提出的生存下来的组织未必有利于他人的选择悖论。

马克思认为，资本主义企业是资本家的企业，资本家的利润来自工人创造的剩余价值。工人采用的技术越先进，工人的技能越熟练，资本家获取的剩余价值越多。资本主义私有制决定了工人注定处于被剥削的地位。

熊彼特把新组合的实现称为企业，把职能是实现新组合的人称为企业家。这样，企业家核心职能不是经营或管理，真正使企业家活动与其他活动具体分开的唯一要点，是看是否执行新组合。熊彼特定义下的企业和企业家具有强烈的动态性，因而这种界定并没有被严格地遵循过，即便在熊彼特的著作中，企业这个概念仍然是在一般意义上的加以使用。[42]

张维迎教授认为，在市场经济中，企业是因人与人之间合作而产生的组织。企业存在的前提是必须满足所有参与者的参与约束。人们从企业得到的收益可以有不同的形式，可以是工资、奖金、股息等货币形态的收入，也可以是心理满足、社会声望等非货币形态的收益。在充分竞争的市场上，给定资源投入，一个企业创造的总价值越大，其生存能力越强。为了实现企业价值的最大化，企业的制度安排必须解决两个基本问题：第一个是经营者选择问题，即如何保证真正有企业家才能的人来管理企业；第二个是激励问题，即如何使企业成员（特别是企业经营者）有积极性努力工作，并对自己的行为负责。这就是所谓的激励相容约束。公司治理的核心问题是如何在不同的企业参与人之间分配企业的剩余索取权和控制权，在这方面经济学家有以下基本结论：第一，剩余索取权和控制权应当尽可能对应，即拥有剩余索取权和承担风险的人应当拥有控制权；或者说，拥有控制权的人应当承担风险。第二，经理人的收入报酬应当与企业的经营业绩挂钩而不应当是固定合同支付。第三，投资者应当拥有选择和监督经理的权威。投资者才是根本和最终的风险承担者，也只有他们才有足够的激励选择优秀的经理、解雇平庸的经理及监督经理的表现。第四，最优公司治理结构应当是一种状态依存控制结构，即控制权应当与企业的经营状态相关，不同状态下的企业应当由不同的利益要求者控制。第五，为了解决投资者的“搭便车”问题，应当让所有权适当集中于大股东手中。企业所有权的安排是公司治理结构这座大厦的主体结构。激励的目的是内部化个人行为的外部性，而所有权是内部化个人行为外部性的最基本方法。利益相关者模式不可能成为一种有效的公司治理模式，股东导向模式是保证企业价值最大化的最有效模式。[43]

经济学研究的深化，引导人们对经济和经济学理解渐趋广泛。广义的经济学不是仅研究人类物质生产和交换的科学，而是研究一切人类行为与效果的科学。“经济”意味着如何以最小的代价取得最大的效果，即如何在各种主观和客观、自然与人际条件的制约下，做出代价最小而收获最大的选择。[44]经济家对企业的认识仍在不断深入之中。

2.1.2　管理学家及管理者对企业的认识

管理学家的视角与经济学家的视角是有区别的。“商学是关于如何提升企业自身战略垄断力即核心竞争力的学问，它研究的是解决问题的策略和艺术，为企业提供打击竞争对手赢得顾客的手段；强调人的差异性、个性甚至非理性；更注重研究特殊、具体和个案，商学研究如何提升企业的垄断以使企业的利润最大化，因为没有垄断就没有超额利润。[45]企业最重要的目的就是赢利，企业管理所研究的一切都是围绕一个中心，那就是如何增加垄断。”[46]“管理学对人性的假设早已超越了经济人假设，而有了复杂人、社会人、管理人等新理论。管理学在此基础上结合丰富的实践，形成了许多艺术性和技巧性很强的方法原理和定理。管理学中的人虽然在人格上是平等的，但在地位上是不平等的，这种不平等虽然不意味着高低贵贱的区别，但意味着主体和客体、主动和被动的区别以及职能的区别、对组织贡献的区别。这种关系可以概括为个体的差异性”。[47]

泰勒认为，企业管理的主要目的应该是使雇主实现最大限度的宽裕，同时也使每个雇员实现最大限度的宽裕。法约尔将管理理解为领导者对组织的管理，其目标是企业的稳定和发展。马克斯·韦伯认为，行政组织的内在要求是稳定、严密、有效、精确，采取的最优方法是科层制。行为科学是为解决效率与人性之间的矛盾而出现的。西蒙等人认为，组织就是作为管理者个人所组成的系统，决策贯穿于管理的全过程，管理就是决策。德鲁克认为，企业的目的是创造顾客，在此目的下，管理是用技巧来解决管理和被管理的关系问题。明茨伯格认为，角色就是属于一定职责或地位的一套有条理的行为，学员、经理和其他人的角色都是事先规定好的，虽然各人可能以不同的方式来解释这些角色。[48]波特认为，客户的议价实力、供应商的议价力量、新进入者的威胁、替代性产品的威胁，以及竞争的激烈程度这五种力量（Five—Forces）决定了产业的长期获得性。企业要在产业中出人头地，做法不外乎成本低于竞争对手或产品价位更高。在竞争者中形成价格或成本差异，主要有两种来源：来自经营效率的差异或达成经济效益的最佳做法，以及来自战略定位上的差异。[49]伊查克·爱迪斯认为，企业如同人一样，有一个典型发展路径，即孕育期、婴儿期、学步期、青春期、成年期、老化期和死亡期，企业从一个阶段转化到另一个阶段，就会出现问题。这些问题中，有正常的问题与不正常的问题，出现问题是因为企业缺乏某种能力。企业的能力就是在解决问题中一点一点培养和积累起来的。企业可以通过更短的路径到达其成年期，企业的老化是可以阻止的。[50]德赫斯看来，长寿公司屈指可数，原因在于许多公司的管理者过分拘泥于生产与服务行为，忘记了他们所在的公司组织的真正本质是人类社区。长寿公司有四个共同关键要素：一是对周围的环境非常敏感；二是有凝聚力，员工有较强的认同感；三是宽容；四是在财政上比较保守。[51]毕海德将企业分为“有前途的”企业、大型上市公司、边缘新企业、风险资本支持的新企业、带来重大创新的“革命性”企业。他认为，机会性质的变化改变着企业家面临的问题和必须完成的任务。在面临重大的资本约束和不确定性时，新企业的创始人靠的只能是对无法预期的事件采取机会主义式的适应。随着企业的成长，企业会将更多的资源投入到不确定性较低的创新，这时机会主义会让位给着眼于长远发展而进行预测和计划的系统性工作。[52]佩因认为，在可预见的未来，公司对于社会的重要性不会消失，它的作用也很难被其他机构所取代。更多的公司会认识到，尊重人类道德、在开展其业务时以道德的面目来面对这个世界是其利益所在。它使人们能够进行合作性的努力来克服时间和空间的障碍，同时也减少个人独自进行同样的努力时所发生的费用。公司的效用使之成为越来越多的人在追求各种目的时对组织形态的首选。随着其角色的变化和扩展，公司本身也不得不发生演变。今天，公司正在经历另一场革命性的变革。公司道德化标志着公司激进地抛弃了传统思维中占统治地位的所谓公司是无道德的、机械的错误认识。在现代自由社会里，大多数企业将其存在归因于这样几个基本的群体：政府、投资者和员工、顾客、普通民众。所有这些群体对于公司的成功来说都是重要的，失去任何一方的支持有时都可能是致命的。在一个现代民主社会里，公司如果不在其做事时采取一种道德的姿态并尊重它的活动所影响的利益相关者的合法权益，公司就很难获得各利益相关者的良好意愿以及自愿合作。[53]

2.1.3 政治家对企业的认识

政治家不是真正考虑全社会的利益，而是考虑某些集团的利益，他会事先考虑哪些集团的利益对稳定有利。政治家追求的是一种社会稳定，或者是维持权力的长久。政治家思考的是政府的利益最大化。[54]政治家们指望新企业可以带来就业增加和经济增长。[55]政治家与学者是有区别的。真正的学者只说自己认为正确的话，政客是说别人喜欢听的或“政治上正确”的话。政策的制定是科学与政治过程的结合，无论制定政策的政治过程如何，几乎没有任何政策可以满足所有利益相关者的偏好，所以任何政策都会有人不满意。[56]政府应该做的是怎么想办法规范企业的行为，怎么改变企业运行的环境，使企业的行为对社会更有益。政府只能去规范企业的行为，而不能去改变企业的目标，让企业去为政府的利益着想。[57]中国政府必须停止扮演经济的首席执行官角色，以及与此对应的种种“寻租”活动。韩国经验说明，政府失灵远比市场失灵更可怕。[58]

经济学、政治学与管理学并不是绝对分开的，而是相互联系、相互补充；所谓经济学家、政治学家及管理学家，并不是一个固定的身份，其研究方向与研究内容也不是一成不变的，而只是在不同的时期关注重点或研究方法不同而已。这里将对企业的认识区分为经济学家、政治家和管理学家的认识，只是为了突出对企业的不同认识。从以上企业理论研究的丰硕成果来看，企业的性质和作用在不断变化，人们对企业的认识也在不断变化，每一种理论都是建立在特定的历史时期和特定的基本假设之上，它们从不同的视角揭示了企业的性质和基本特征，是分析企业可持续创新实现的重要理论基础。

2.2 可持续发展理论文献综述

可持续发展将经济增长、环境保护和社会发展三个目标置于同等重要的地位。[59]1994 年国务院公布的《中国 21 世纪议程》标志着可持续发展正式成为中国的基本战略。在中国以前的纲领性文件中，还没有这样把经济、社会、资源与环境视为密不可分的整体，并如此正视中国发展的重大制约因素和潜在危机。[60]

2.2.1 可持续发展理论的基本思想

“可持续”（Sustainable）来源于生态学，最初应用于渔业和林业等可再生资源的管理策略。如鱼类的自然增殖量高于捕捞量时，在生态学上被认为是可持续性（Sustainability）管理。[61]“发展”（Development）的概念源于欧洲，最初也是从生物学借用来的。这一概念的核心内容是指有机体内在的、定向的、渐进的、不可逆转的和有目的的变化过程。后来，随着欧洲文明的演进，“发展”概念逐渐被引入社会科学领域。一般来说，经济学家笔下的发展指的是“经济增长”，社会学家用“社会变迁”来说明“社会发展”，其他各门学科也有自己的“发展”范畴。[62]联合国前秘书长吴丹将发展一词概括为：发展 = 经济增长 + 社会变革。对可持续发展概念，布兰特夫人给出了一个较为模糊的定义：“既满足当代的需求，又不危及后代满足需求能力的发展。”较为一致的认识是，可持续发展是指综合调控经济—社会—自然三维结构复合系统，以期实现世世代代的经济繁荣、社会公平和生态安全。[63]可持续发展不是一个理性的目标，而是一个基于合作的道德基础和行为规范的、人类良好的愿望和信念。它是在人类生存实践中，对某些行为规则和信念的反思的结果。人类生活的质量才是发展的终极目的。[64]可持续发展之所以引起人们的高度重视，是因为日益严重的环境问题和难以消除的贫困、社会不公，已经对人类自身的生存与发展构成了直接威胁。

可持续发展并不否定经济增长，印度尼西亚国家人口和环境部长埃米尔·萨利姆（Emil Salim）指出：可持续发展意味着“走向人均收入的提高、生命的平等、更加公平和贫困的消除”。①经济增长是可持续发展的三大目标之一，但这种增长不是无节制的。事实已经证明，无休止地追求经济利润是“不可持续的”。

自然环境保护是可持续发展的另一个重要目标。“可持续性原则的核心指的是人类的经济和社会发展不能超越资源与环境的承载能力”。[65]一方面，人类开发和利用自然资源的能力在不断增强。另一方面，人类的活动对自然界原有的平衡产生着巨大的破坏作用。自然界是资源与能源的提供者，自然界本身具有供给能力、再生能力和自净能力，维护自然界的平衡是人类生存与发展的前提。

社会目标是可持续发展的又一个重要目标。建立一个和谐社会一直是人类的梦想。不同的时期，和谐社会也会有不同的含义。亨廷顿认为，现代化进程导致社会不稳定主要有四个方面的原因：第一，现代化进程打破了传统文化在观念上的障碍，产生了新的渴望和需求，这种渴望和需求通常难以得到迅速满足，这个反差会导致普遍的不满情绪的出现，成为社会不稳定的潜在动因；第二，现代化

---

① 朱迪·丽丝. 自然资源：分配经济学与政策［M］. 蔡运龙等译. 北京：商务印书馆，2002：573.

进程的初期阶段常常会扩大社会的不平等现象，少数人财富积聚加快，引起多数人不满；第三，现代化进程伴随教育的普及和新观念的引入，实质上是一个社会动员过程，这个过程不仅使人们对旧的不合理制度产生不满，还对新的不平等产生愤怒；第四，腐败加剧也与迅速的现代化进程有关，而腐败常常是引起社会反抗的动因。① 由于人与人之间的差别是客观的、普遍存在的，社会和谐与否的关键在于人如何认识这种差别，如何处理这种差别。“客观存在的各种社会关系，本身并无公平与否问题。只有当我们按照特定的标准，对这些状况进行比较、分析、衡量，才会产生公平问题。由于人们对人的关系进行认识和评价时，总是带着特定的价值观念去进行的。”公平的观念通常因时、因地、因人而变，“历史上不存在抽象的公平，也不存在绝对的永恒的公平”。积聚财富并不是实现某些人类发展目标的必然选择。事实上，个人和社会所作的许多选择根本不需要财富。文化的丰富在很大程度上可以独立于人们的财富。而且，西方发达国家进入了“后工业社会”后，当人们已经积累了足够的财富，进入了所谓的“财富驱动的发展阶段”时，人们会追求精神世界的极大丰富，追求文化生活的深入发展，而不再主要追求物质生活中的“效率”。换句话说，人的天性中存在这样的可能，当物质生活富足起来的时候，就去追求精神生活的富足……以放弃“效率”为代价（“闲暇时间”的不断增长就是对“效率”的不断放弃的结果）。因此，对文化“产品”的需求以“多样化”为准则。文化生活越多样化，越复杂化，也就越丰富和具有意义。[66]

2.2.2 可持续发展存在的争议

可持续发展从概念到实施有一个很长的过程，要真正实现则更为漫长。政治家和政府官员现在使用着环境保护论者的语言。可持续性已变成一个令人尊敬的概念融汇进国际关系的词汇中。然而，可持续性概念在从环境保护文献转移到国家领导人讲话的过程中，其意义也有了显著的变化。在新的概念中已没有了环境道德的地位，环境仅仅被看成是提供财货和服务的功能性概念。环境保护再也不意味着对物质主义的牺牲和对抗。这种对概念的重新定义，为未来环境的争论注入了更多的乐观情绪。生态与经济看来是可以协调的，环境质量与经济增长不再是不可兼容的了，相反它们可以互相支持。尽管可持续性这个术语被广泛使用，但其准确意义却不是很清楚。② 这种意义上的模糊，给可持续发展的实施带来种种困难。

---

① 周海林．可持续发展原理［M］．北京：商务印书馆，2004：216.

② 朱迪·丽丝．自然资源：分配经济学与政策［M］．蔡运龙等译．北京：商务印书馆，2002：566～567.

可持续发展对不同的国家而言，意义并不相同。发达国家对环境问题、可持续发展的关注，很大程度上是出于提高自身生活质量的目的。“可持续发展能够受到这样的重视，与发达国家环境运动的兴起和对全球环境问题的关注有密切关系。发达国家已发展到环境质量成为生活质量重要组成部分的阶段。因此，欧洲等发达国家在对本国生态环境、自然文化遗产的保护上，对资源的管理和合理开发上都非常重视，并取得了显著进展；而对于与提高自身生活质量没有直接关系或关系不大的全球性环境问题缺乏动力”。[67] 发达国家侧重于自然资源管理、就业机会、提高经济和社会的质量以及全球环境等问题。发展中国家侧重于经济发展、贫困、人口、健康和人类住区等问题，在发展中逐步协调和解决环境和资源保护与持续利用的关系。非洲国家的优先领域是建设、基础设施和卫生条件。[68] 发达国家的意见也不一致。布什 2001 年在拒绝签署《京都议定书》时就讲，我们不会做出任何损害经济发展的事情，因为对我们来说，首要的是生活在美国的人民。欧盟主席普罗迪则指出，一个人如果想成为世界的领袖，他必须懂得关注整个地球，而不仅仅是美国的工业。[69] 发展中国家将经济增长列为第一目的。在发展中国家看来，追赶发达国家的发展水平以改变人民生活贫困的面貌是再合理不过的目标。[70] 对一些机会主义者来说，“可持续性与其说是一个环境目标，不如说是一个讨价还价的策略或市场工具，”[71] 开发商们开始意识到“在可持续性的伪装下，任何本来在环境上敏感的项目都可以变得合理”。①中国政府认为，可持续发展的核心是发展，基于经济增长的角度，中国政府提出转变经济增长方式，在发展中解决环境问题。中国特别重视政府的作用，希望通过政府的宏观调控使环境保护与经济和社会发展相协调。

可持续发展难以形成完全的共识，一是由于经济、环境、社会三维发展观是新的发展观，对这种发展观的认识需要一个过程；二是可持续发展与政治关系密切，不同的社会制度、不同的地域、不同的文化与信仰、不同的发展阶段等给可持续发展染上不同的色彩；三是几千年的人类社会，特别是工业革命以来的工业时代形成的传统的发展观根深蒂固，难以在短期内得到迅速改变。[72] 从更深层次来看，可持续发展所要求的是一种新的全球性道德，而这种道德的形成却面临着历史的和制度的深层原因。“世界上四分之一人的人类基本需求尚未得到满足，而富裕国家却无须付出代价地消耗了全人类五分之四的自然资源。从一个不公平的世界不可能产生出只有一个世界、只有一个地球的概念。不采取一些分享全球财富的措施就不可能产生为了全人类共同健康而分担责任的思想。没有全球性的公正，全球性的可持续发展将永远是一个渺茫的难以实现的目标”。[73]

---

① 朱迪·丽丝. 自然资源：分配经济学与政策 [M]. 蔡运龙等译. 北京：商务印书馆，2002：569.

可持续发展思想虽然在形式上得到了世界各国政府与人们的普遍认同，但要实际操作还有相当多的困难。可持续发展本身也是一个不断发展的概念，因为经济增长、环境保护和社会进步本身的含义也在不断拓展、变化中，但是经济、环境和社会协调发展却是可持续发展不会改变的基本理念。人类总是在不断调整自己以适应新的环境，不管是乐观主义者还是悲观主义者，都无法确定人类社会的发展方向。“人类不同于其他物种，是因为人类有自我意识，有了自我意识，意味着能觉悟出行为对自我利益的影响，并有可能重新调整自我的行为方式。”[74]

可持续发展已经成为现代企业生存与发展重要的外部约束条件。企业只有适应可持续发展需要，按照可持续发展的要求开展创新活动，才能在激烈的竞争中形成长期的竞争优势。可持续发展面临的复杂性、艰巨性，源自各个国家的状况、态度与行为有着显著的不同，这种不同必然对企业创新产生不同的影响，因此，不同的企业其可持续创新模式也必然会有显著的不同。

2.3 创新理论文献综述

“创新并不是一个新现象，它就像人类一样古老。人类似乎与生俱来就想用更新、更好的方法做事并把这些方法运用到实践中。尽管创新的重要性非常明显，但是却一直没有引起学者应有的重视。”熊彼特以来，对创新研究一直在不断深化之中，以至于“到了今天，创新研究文献数量庞大、内容多样，即使跟踪某一专业领域的创新研究文献都很困难”。[75]

2.3.1 熊彼特的创新理论

熊彼特认为，创新是把一种生产要素和生产条件的“新组合”引入生产体系，并通过市场获取潜在的利润的活动和过程，包括下列五种情况：采用一种新的产品，采用一种新的生产方法，开辟一个新的市场，掠取或控制原材料或半制成品的一种新的供应来源，实现任何一种工业的新的组织。[76]创新是一种创造性的毁灭（Ccreative Destruction）。这里的毁灭是指一批企业在创新浪潮中被淘汰，其生产要素被重新组合。不断创新，不断毁灭，一些企业在创新中发展了，另一些企业被淘汰了。这就是资本主义社会条件下，企业兴衰的基本规律。[77]

在熊彼特的创新理论中，企业家具有特别重要的地位。熊彼特对企业家创新动机进行了细致而充满热情的描述。首先，企业家有一种梦想和意志，要去找到一个私人王国，常常也是（虽然不一定是）一个王朝。其次，企业家有征服的意志、战斗的冲动，即证明自己比别人优越的冲动，求得成功不是为了成功的果实，而是为了成功本身。最后，企业家有创造的欢乐，把事情办成的欢乐，或者只是施展个人的能力和智谋的欢乐。对企业家而言，只是在第一类动机中，作为企业家活动的结果的私有财产，才是使这种活动起作用的必要因素。而在其他两类中则与经济利益无关。[78]

2.3.2 创新研究的进展

熊彼特之后，创新理论的研究主要表现在两个方面，一是以技术变革为研究对象的“技术创新”理论和以制度变革为研究对象的“制度创新”理论。技术创新理论把技术作为经济增长的内在变量，把制度因素作为外在变量，认为技术创新是经济增长的决定因素。制度创新理论则认为，技术进步或技术创新等，并不是经济增长的原因，而是经济增长本身。经济增长的根本原因在于制度创新，是制度创新决定技术创新，“改进技术的持续努力只有通过建立一个能持续激励人们创新的产权制度以提高私人收益才会出现”。[79]

随着创新理论研究的不断深入，国内外学者提出了一些新的创新概念和相应的创新管理思想，如全面创新，[80]持续创新，[81][82]组合创新，[83]用户创新，[84]系统创新，[85][86]可持续创新，[87]绿色持续创新[88]等。创新研究的范围也从企业扩展到国家创新系统、区域创新系统，创新内容从技术创新扩展到组织创新、知识创新、制度创新和文化创新等方面。

创新的内涵和外延随着研究的深入而在不断变化。创新的广义理解不仅关注创新网络中的某一环节、片断，或某一特定社会经济系统中单一的创新（如技术创新），而且注重不同社会经济系统之间在实现创新这一目的上的协同；创新的广义理解所设定的目标以“经济增长”为核心，但目标绝不是唯一的，它力求实现包融经济增长和社会进步等诸多内涵于其中的可持续发展。作为经济发展根本机制的创新行为，也就不可能仅仅实现于传统意义上的“企业”。创新必然表现为不同参与者和机构（包括企业、政府、大学、科学机构等）之间交互作用的网络。在这个网络中，任一节点都可能成为创新行为实现的特定空间。创新行为也因此可以表现在技术、制度或知识等不同侧面。[89]

创新是人类适应环境、谋求生存和发展的一种重要方式。创新的本质就是企业“提高自己产品及服务异质性”，无论是哪一种创新，其过程都是一个困难重重而且充满风险的过程。以技术创新为例，“在所有的新技术中，只有少数新技术能够被成功地转化为新产品及服务；而这些新产品及服务中，又只有极少数能够最终获得商业成功”。[90]

2.4 系统理论文献综述

创新具有系统性。[91]系统理论是分析企业可持续创新的基本指导思想之一。

2.4.1 系统的定义

“系统（Systems）是具有特定功能的、相互间具有有机联系的许多要素（Element）所构成的一个整体。从系统功能来看，它又是一个不可分割的整体，如果硬把一个系统分割开来，那么它将失去其原来的性质。在物质世界中，一个系统中的任何部分可以被看为一个子系统，而每一个系统又可以成为一个更大规模系统中的一个部分。这是一个分析与综合有机结合的思想方法。”一般系统都具有这样的特性：集合性、相关性、阶层性、整体性、目的性、环境适应性。系统分析的意思就是用科学的和数学的方法对系统进行研究和应用。由于复杂的大系统受到复杂的社会经济和技术因素的影响，因此，在进行系统分析的过程中就必然夹杂着决策者个人的价值观和对未来变化不定的主观的臆断和理性判断。这样，从方法论上看，系统分析不仅需要计算，还需要依据直观感受和经验进行判断。从这种意义上说，系统分析的方法既具有科学性，又具有某种艺术性。[92]

2.4.2 系统的分类

按照子系统之间的关联程度，系统可以分为简单系统和复杂系统。按照系统与外界的联系情况，系统可以分为孤立系统和开放系统。[93]客观存在的系统都是开放系统，社会—经济—生态系统都是高度非线性、具有自组织耗散结构性质的开放系统。[94]

2.4.3 系统的结构及各要素间的关系

系统整体不是简单地等于各部分之和。系统的质不同于单元的质，整体的结构与功能不同于部分的结构与功能。系统整体的质由系统内各单元组成的结构所规定，它与各组成单元的质迥然不同，同时系统结构亦赋予诸单元新的特征。[95]整体具有而部分不具有的东西称为涌现性（Emergence Property）。从层次结构的角度看，涌现性是指那些高层次具有而还原到低层次就不复存在的属性、特征、行为、功能。当然，新质的涌现不一定都伴随层次的提升，同一层次上一种新结构取代原结构的演化也会伴随不同质的整体涌现性的兴替，单层次的提升必定伴随原层次所没有的新质的涌现。[96]

结构与功能的对立是相对的，相辅相成、互为因果，在一定条件下，结构可以转化为功能，功能可以转化为结构，两者是不可分割的。系统在内外动力和环境条件的共同驱动作用下，使其结构、参数和功能、行为及其发展方向都随时间的推移而变化。这是一个由量变到质变、由低级到高级发展、进化的过程。复杂系统中存在着一因多果、一果多因甚至交叉因果链的现象。系统动力学采用反馈、生克关系代替以往的简单因果关系。系统行为的性质取决于系统内部的结构，也就是系统内部反馈结构与机制。系统行为的发生与发展都主要根植于系统内部。内因是系统存在、变化、发展的依据，外因是系统存在、变化、发展的客观条件。系统的演化方向由内因、外因通过内部反馈机制共同决定。系统的行为的性质与模式（相当于协同学中的相）是由主导结构与非主导结构共同作用的结果。主导结构是动态变化的，在一定的时空条件下，主导与非主导部分也可能相互转化。系统中总是存在主要变量，并往往存在一些敏感变量。一个系统属于哪种类型，根植于其内部的反馈机制。一些系统受内外干扰的影响，激发了其特定的内部反馈机制，具有由一状态变成不稳定，再恢复到原状态的能力，这就是系统的适应性。社会经济与管理系统从本质上讲都是复杂的随机系统。对社会与管理系统的主导部分加以改进的得益要远较非主导部分实现所谓最优化的得益大得多。结构表示系统的构成特征，功能表示系统的行为特征。复杂的社会经济系统中，人们的控制能力是很有限的。人类本身塑造了社会经济系统，并在一定程度上可运用政策的选择来控制这个系统和改变它的结构。但人又不可避免地受此系统的制约与束缚。人所能制约的部分只是属于更大的系统中的一小部分，也就是说它只是一个更大的自组织系统的组成部分。因此，社会经济系统是兼有自组织系统特性与人造系统特性而以前者为主导的复杂开放系统。工程技术仅仅是管理系统中的一个部分，工程上最重要的问题源自管理系统。由于管理落后而失败的公司要多得多，其致命原因就在于未能以整体、系统的观点去认识和解决系统所存在的问题。一种决策总是与相对少量的几个主要因素联系着。选定主要因素后就可把其余的次要因素作为噪声与不确定因素来处理。政策是长期的、全局性的，决策是短期的、个别的，个别决策的作出是以相对长期起作用的政策为依据的，模型应直接针对政策问题。许多尚未定义的概念，一些不易量化或目前尚不可量化的心理学变量，如完整性、期望、素质、品质、满意度等，都应给予定义，把它们作为重要变量融入系统的模型中去。与其将那些对系统行为有重要影响而不易量化的变量排除在模型之外，倒不如把它们粗略地估计在内。凡是对系统的行为有重要影响的变量都应划入模型界限内，对那些尚未收集到可靠数据的变量，可根据系统的实际情况做出合理的估计或猜测。如果一些重要的变量缺少历史数据，则应用较好的估计数据代替，或尽可能地以其他易获数据的变量来间接地加以推论。大量的以文字叙述的描述性知识往往被人们所忽视，被认为对建模无多大益处。不少建模人员在建模过程中偏爱数值数据，而把杂志、商业报刊上的丰富信息拒之门外，认为缺少学术价值。实际上，这些知识包含了最深刻、最富洞察力、最清晰的见解，它们往往成为决策者和企业家进行决策的依据。模型结构的正确与否，远比参数的准确度的高低重要得多。准确性和精确性应该根据实际的需要来确定”。[97]

总的来看，从对机械系统、热力学系统、流体系统的研究，到对生命系统、生态系统、社会系统的分析，新的变量不断被引入，分析方法越来越丰富，系统本身的意义也在不断拓展，系统研究中的整体观、人性观在不断加强，系统理论也在不断发展之中。

2.5 本章小结

企业在现代人类生活中扮演着至关重要的角色，企业不仅创造和提供人们所需要的物质产品和各种服务，还在创造文化、改变人们的生产方式和生活方式。企业在全世界范围内寻找和利用资源，在不同地域开创事业，让来自不同文明的人服务于企业共同的目标。企业理论揭示了企业的性质和企业存在的基本前提。可持续发展反映了人类对共同面临的社会和环境安全问题的思考。可持续发展体现了一种新的发展要求，是人类对社会、自然环境及人类自身的新的认识，是一种新的发展理念、发展模式，反映了人的本质的、长远的需要。可持续发展在具体实施中面临重重困难，但已经对人们的生产和消费方式产生了巨大的影响。可持续发展对企业创新提出了新的要求，对企业创新而言，可持续发展既是挑战，又是机遇。创新是人类适应环境、谋求生存和发展的一种重要方式。创新的本质就是打破现有的均衡状态，在竞争中形成垄断，以获取潜在的超额利益。创新是一种自我解放，是企业将自己从均衡的状态中解放出来，从而达到一种更高的层次。创新是一个困难重重、充满风险的过程，正是通过创新，人的主观能动性和创造性才得以充分体现。系统理论是人类认识世界的成果，系统理论的基本思想有助于更深刻地分析企业可持续创新得以实现的要素之间的关系。企业理论、可持续发展理论、创新理论、系统理论对企业可持续创新有着重要的指导意义，是分析企业可持续创新实现机理的理论基础。

3 企业可持续创新实现机理分析的基本理论框架

本章从界定企业可持续创新实现机理分析的相关概念开始，给出企业可持续创新实现机理分析的基本理论框架。

3.1 企业可持续创新实现机理的相关概念

3.1.1 企业可持续创新的概念及基本特性

本书中企业可持续创新是指企业在一个相当长的时期内，持续不断地推出符合可持续发展要求的创新项目，并持续不断地获取经济、环境和社会整体效益的过程。与一般意义上的把获取潜在的、超额的经济效益作为创新的目标相比，它把经济、环境和社会三方面的效益视为内在的、不可分割的一个整体目标，并且强调创新的动机、创新的过程也要符合可持续发展要求。

企业可持续创新是一种新的创新理念、新的创新模式，它具有以下特征：①时代性。可持续发展是当前人类社会发展的主题，具有鲜明的时代性。可持续创新是可持续发展的客观要求，具有鲜明的时代特征。②全球性。可持续发展具有全球性，因而企业可持续创新一开始就具有全球性。③系统性。企业可持续创新涉及的范围广、因素多，具有很强的综合性、系统性。④多目标性。企业可持续创新实现了经济、环境和社会三个目标，具有多目标性。经济、环境与社会目标是相互联系的，在一定的情况下，它们之间既存在着一定的替代性，也存在着一定的互补性。⑤人文特征。可持续创新包含了丰富的道德内涵。“经济与道德作为人类物质生活与精神生活的基础和核心，两者在本质上是不可分割的。反映了人的本质需求中物质与精神的统一。两者的背离，是人类制度的缺陷、理性的迷误、发展的不足造成的。”[98]随着经济与科学技术的发展，道德的标准也在不断变化。可持续创新重新把人的需要、人的幸福摆在了首要位置。它是在人类科学技术高度发达、世界越来越融为一体的情况下，人类对自身、对人与人的关系、对人与自然环境的关系重新认识、重新思考，直接关注的是人的生活质量，具有很强的人文特征。⑥可持续特性。这种可持续特性表现在三个方面。首先，实施可持续创新的企业，根据可持续发展要求，在追求经济效益的同时，也追求环境和社会效益。其次，实施可持续创新的企业，自觉地将可持续发展基本思想应用到企业发展之中，将经济、环境和社会效益整体协调增长视为企业长期、稳定发展的根本保证。最后，实施可持续创新的企业具有更强的生命力和更强的竞争优势，企业能够得到更好的、更持久的发展。

现有的研究对公司的社会和环境责任有多种表述。王志乐研究员认为，用公司责任概念替代社会责任概念，是比较准确的。因为这是从企业的角度去看应该承担的责任，而社会上经常讲的社会责任则比较片面，多数是从公司以外的角度来看公司责任的。在对跨国公司所作的调查和研究中，他们把公司责任总结为三方面含义：第一，公司经营成功获取利润回报股东，即股东责任；第二，企业内部员工的安全健康福利，企业外部利益相关者的利益，包括社区、政府、客户、供应商等，即社会责任；第三，提高资源利用率、减少污染排放、保护环境，即环境责任。[99]对企业创新而言，企业伦理、企业道德、企业社会责任、企业公民责任、公司责任、企业环境责任等术语，虽然表述与侧重各有不同，但本质是一致的，都是强调企业在追求经济利益增长外，还要对社会或环保承担责任。因此，在本书的分析中，对这些术语不加区别，都视为企业可持续创新的基本内容。企业不是社会慈善机构，企业要在市场竞争中生存、发展，生存是企业的第一需要，经济效益是企业生存与发展的基础，这是企业与其他社会组织的根本区别。

可持续创新与可持续发展有着密切的关系，但又不同于可持续发展。根据熊彼特的观点，发展是对均衡的破坏，是综合性目标，是质和量的共同提高。而创新是破坏均衡的过程，是实现发展的方法。相应地，可持续发展是可持续创新的目标和结果，可持续创新是实现可持续发展的过程。熊彼特意义的创新是经济概念，但仅仅是经济意义上的创新并不必然导致社会可持续发展，社会可持续发展需要的是可持续创新。可持续创新不再是仅限于经济意义上的创新，还包括政治、文化意义上的创新，创新的最终目标是经济、社会与环境的整体效益。可持续发展是为了维护全球环境安全，寻求人类共同繁荣而产生的一种发展理念，是人类奋斗的方向，需要世界各国共同努力才能实现的总体目标，“具有内容的宽泛性和目标的长远性等特点”，[100]在具体实施中还面临较多困难。企业可持续创新的实现是社会可持续发展的重要途径，企业可持续创新是实现可持续发展的手段与具体措施，是可持续发展的现实探索，是可持续发展的具体的、现实的行为，企业可持续创新必然面临较多困难。

企业可持续创新与持续创新有一定区别。持续是相对于中断、停滞、夭折或死亡而言。远德玉教授等人提出了企业持续技术创新的概念，他们认为，技术创新与组织创新、管理创新不是同质的，各自具有特殊规律，混合在一起往往使研究不能深入下去。就我国企业的实际来看，技术创新无疑是更主要、更关键的问题，以技术创新为研究对象能抓住根本性的问题。[101]向刚教授提出的成功的企业持续创新过程，是一个由持续不断的多种创新类型（一般地，包括产品创新、工艺创新、原材料创新、组织创新、制度创新、管理创新和市场创新等类型）、多个创新项目或创新项目集群组合形成的创新项目集群动态系统集成的复杂非线性过程。[102]本书讨论的可持续创新与“企业持续技术创新”和“企业持续创新”又有所区别。本书认为，一方面，技术创新与企业组织结构、制度、知识甚至企业文化的创新常常是交织在一起的，很难进行区分，而且在不同的内外部条件下，企业创新的重点会不断变化，这一点上，企业可持续创新与向刚教授的观点是一致的。另一方面，无论是“企业持续技术创新”，还是“企业持续创新”，都是指通过不断地创新使企业经济效益能够得到长期的增长，从而使企业生命周期得以延长或使企业长时间里发展壮大。这意味着，在这个创新过程中，即使在环境与社会方面进行创新性的工作，那也是为经济利益的增长服务的，而不把环境和社会效益作为企业创新的目标。也就是说，企业持续创新的根本目标是企业经济效益的持续增长，企业经济效益的持续增长是企业发展的标志，经济利益增长才能使企业基业长青。这一点正是“企业持续技术创新”和“企业持续创新”与本书中的“企业可持续创新”的基本区别，“企业可持续创新”是将经济、环境和社会的整体效益的持续增长作为企业可持续创新的根本要求，也正是这种整体效益的增长使企业得以基业长青。

可持续创新也不同于一般意义上的绿色创新。基于环境保护视角的创新通常称为绿色创新，“主要包括环境观念的创新、环境治理技术的创新、符合环保要求的绿色产品创新、无公害生产的创新以及环境与经济一体化制度的创新等”。[103]绿色创新更多强调改善环境、降低污染方面的技术创新。企业可持续创新与企业绿色持续创新也有一定的区别。企业绿色持续创新（Enterprise's Green and Sustainable Innovation，EGSI）是企业在一个相当长的时期内，持续不断地推出、实施新的绿色创新（参照熊彼特的理论并作一定扩展，含绿色产品、工艺、原材料、市场、组织、制度、管理创新及其内部扩散）项目，并持续不断地实现商业化，获得经济效益的持续增长的过程。企业绿色持续创新具有绿色性、时间持续性、经济效益增长持续性和企业发展持续性等基本特性。企业绿色持续创新有四个基本评判准则，一是绿色准则，即企业绿色持续创新在创新过程中实施的创新项目应具有节能、降耗、减少污染等资源保护或环境改善的绿色特性；二是时间持续性准则，即企业的绿色持续创新应能持续一个相当长的时期，一般地，10 年以上，至少是 5 年；三是经济效益增长的持续性准则，即企业绿色持续创新应能实现企业经济效益的持续增长；四是企业发展的持续性准则，根据熊彼特理论的观点，创新即意味着发展。因此，企业绿色持续创新应能导致该企业的持续发展。[104]企业绿色持续创新的主要目标仍然是经济效益，企业可持续创新更强调追求经济、环境和社会的整体效益。

企业可持续创新是在结合国外可持续创新研究和企业持续创新研究、企业绿色持续创新的基础上提出来的。当可持续发展逐步成为企业生存与发展的大环境时，从长远看，追求环境与社会效益是杰出企业持续创新的必然选择，从这个意义上说，企业可持续创新研究是对企业持续创新研究的深化。企业可持续创新不仅仅是强调经济效益的持续增长，而是强调经济、环境和社会整体效益的增长。可持续发展理论的深层思想基础是：人与自然、人与人和谐共存才能使人类永久生存。企业可持续创新是这一思想的一种实践，对企业而言，经济、社会、环境整体效益的共同增长才能使企业永续发展。

3.1.2 企业可持续创新的实现

所谓实现就是变为现实。之所以强调实现，是因为可持续创新概念与其他许多概念一样，其含义可能是多方面的，既可以指一种理念，也可以指过程，还可以指目标或结果。对企业可持续创新而言，实现最为重要，实现最为艰难。这里强调实现，还包括这样一层含义，就是企业可持续创新的实现是创新动力、创新机遇和创新能力共同作用的结果，缺少任一项都不可能实现。

Anne Gerlach 认为，可持续创新的成功实现是指具有可持续发展观的创新主体赢得了竞争优势，如通过环境或社会方面的创新获得经济上的成功，即具有可持续发展观的企业家在关注可持续发展的前提下，识别市场机会，成功提供新产品和服务。[105]Thomas Dyllick 和 Kai Hockerts 提出了对企业可持续性评价的六个标准：经济效率、社会效率、经济效益、社会效益、满足与生态平等。[106]

本书中企业可持续创新的实现，是指企业持续不断地完成符合可持续发展要求的创新项目，实现经济、环境和社会的整体效益。企业可持续创新的实现，意味着企业得到可持续发展，这种发展与人类可持续发展具有同样的意义：都是建立在经济、环境、社会的协调发展的基础上，并且是一种永续的发展。

3.1.3 企业可持续创新实现机理

“机理”一词在中文中有两种略有区别的解释，一种解释是，机理是指机器的构造和工作原理，或指有机体的构造、功能和相互关系，或指某些自然现象的物理、化学规律。[107]另一种解释是，机理是指事物变化的道理。[108]而“道理”一词在中文中又有着极其丰富的含义。道是指人实现特定目的的行动历程。理是指“事物之所以然”。道是行之而成，可以创造，可以选择，道有时也可行不通。理则不然，人只能发现理，却不能创造理；理先事物而存在，一成不变。理是规定一切的，道是完成一切的。求完成，不限于一方法，一路线，所以道属于多，可以变。规定一切的理，则是唯一的、绝对的、不变的。道教人该怎样，理告诉人必这样。宇宙万物同一理，但并不同一道。有些道属于人，但有些道则并不属于人。道、理合二为一。[109]

本书认为，这种解释上的细微差异反映了认识上的区别。当然，对机理也可以有其他许多种不同的理解。本书认为，第一种对“机理”一词的理解是一种还原论、机械论的观点，“忽视了人的主动性和自我发展性”；[110]后一种解释是一种整体观、和谐观，既强调理的客观性、绝对性，又体现了人的主动性、复杂性。可持续发展是一种整体发展观、和谐发展观，因此，本书在企业可持续创新实现的分析中，使用“机理”一词，并且机理是指后一种理解。

企业可持续创新与主要追求经济效益的企业持续创新相比，更加强调经济、环境和社会效益整体协调发展观，以及人的创造性、能动性在这种整体协调发展中的积极作用。从某种意义上说，由技术创新研究到技术创新与制度创新共同研究，大大拓展了创新研究领域；而从技术创新和制度创新研究到可持续创新研究，创新目标有了一个重大变化，这个创新目标的变化，也对创新研究提出了新的要求。本书中企业可持续创新实现机理，是指根据可持续发展基本理论，运用企业持续创新的动力—能力—机遇模型，而揭示出的企业可持续创新实现过程中相关要素的相互关系、相互作用基本特征。

对中国企业而言，企业可持续创新有其特殊性。一方面，中国企业在经济、社会、环境标准和企业竞争力等方面与西方发达国家企业有很大差距；另一方面，中国又有着深厚的爱护环境和造福社会的优秀传统。因此，中国企业可持续创新必将是一条具有中国特色的创新道路。

3.2 企业可持续创新实现机理分析的基本框架

基于上述企业可持续创新及其实现机理的基本概念，本书参考企业持续创新实现机制的分析模型，构建了企业可持续创新实现机理分析框架。但由于企业可持续创新与一般经济意义上的企业持续创新在内涵上有很大的不同，企业可持续创新动力、机遇、能力分析的具体内容和分析视角、分析思路与后者相比有较大区别。也就是说，本书试图从新的视角，对企业可持续创新动力、机遇和能力要素及其相互作用和系统组合效应进行界定和阐述，在此基础上，对这三者及其综合效应建立定量分析模型，并展开深化分析，揭示企业可持续创新的实现机理，这就形成了企业可持续创新实现机理分析的基本框架，简要阐述如下。

3.2.1 企业可持续创新动力分析框架

本书将首先界定企业可持续创新动力的定义和基本特性。在综合分析现有研究文献和企业创新实践的基础上，根据心理学和行为科学基本理论，以人的需要为研究对象，结合具体案例，从不同的层次分析企业可持续创新动力相关要素的构成及各要素的性质、要素之间的相互关系与相互作用特点。在文献分析和企业实践研究的基础上，对“政府人”、“社会人”、“市场人”和“企业人”这几个群体的推动作用进行分析。这几个群体的动机相互之间有着很大的不同，群体内部的个体之间的动机又有很大的不同，这些不同的动机对企业可持续创新产生不同的推动作用。对人的动机的分析，是在现代心理学和行为科学研究的基础上，根据“政府人”、“社会人”、“市场人”和“企业人”的构成特点，将“政府人”的动机从“利他主义者和志愿惩罚者”、“条件合作者”、“理性利己主义者”三个方面进行分析，对“社会人”是从非政府组织、媒体与学术机构、普通民众三个方面进行分析，对“市场人”是从消费者、供应商、现有竞争者、潜在进入者、替代品生产者五个方面进行分析，对“企业人”是从投资者、管理层和普通雇员三个方面进行分析，并在系统分析和前人研究的基础上，建立企业可持续创新动力定量评价模型。

3.2.2 企业可持续创新机遇分析框架

本书将首先界定企业可持续创新机遇及其基本特性。在综合分析现有研究文献和一些企业可持续创新实践的基础上，以企业外部的自然资源、科学技术、政治经济制度、社会文化和市场条件为研究对象，结合具体案例，从不同的层次分析其相关要素的构成及这些要素对企业可持续创新作用的性质、作用形式及相互关系。本书对自然资源是从耗竭性资源和非耗竭性资源两个方面进行分析的，科学技术是从科学研究水平和技术发展水平来分析，政治经济制度是从政策和法律两方面进行分析，社会文化是从基本理念、核心价值观、伦理、器物进行分析。在系统分析和前人研究的基础上，新建企业可持续创新机遇的定量评价模型。

3.2.3 企业可持续创新能力分析框架

本书将首先界定企业可持续创新能力的定义和基本特性。在文献分析和企业实践研究的基础上，以企业内部知识、技术、组织结构、企业制度、企业文化为研究对象，从不同的层次分析企业可持续创新能力的要素的构成、要素之间的相互关系与相互作用特点。知识创新能力体现在企业的科研机构建设、研究人才水平、信息渠道建设、研究成果获得等方面。技术创新能力体现在产品创新能力、工艺创新能力和市场创新能力等方面。组织结构创新能力体现在组织结构设计能力、组织结构变革实施能力和变革后组织效率等方面。企业制度创新能力体现在制度设计能力、制度变革的实施能力和变革后制度效率等方面。企业文化创新能力体现在基本理念与价值观、企业文化器物建设、企业行为规范等方面。在系统分析和前人研究的基础上，新建企业可持续创新能力的定量评价模型。

3.2.4 企业可持续创新动力、机遇、能力综合作用分析框架

在以上对动力、机遇和能力要素分析的基础上，本书将对动力、机遇、能力三者之间的相互关系进行综合性分析，揭示这三者两两之间相互依存、相互作用。然后对这三者产生的综合作用进行分析，建立这三者综合效应分析模型，对典型案例的动力、机遇、能力产生的综合效应进行定量评价，并对评价结果进行分析。在此基础上，运用可持续发展理论和系统理论，对这三者关系进行讨论，揭示企业可持续创新的实现机理。

3.3 本章小结

本章在企业理论、创新理论、可持续发展理论和系统理论的基础上，对企业可持续创新实现机理相关概念给出了定义，分析了企业可持续创新的基本特征，讨论了企业可持续创新概念与其他相关概念的联系与区别，明确了企业可持续创新动力、机遇、能力分析以及三者综合作用分析的基本内容，从而建立了企业可持续创新实现机理分析的基本框架。

4 企业可持续创新动力

人总是在追求很多不同的目标，有些是大目标，有些是小目标。我们可能由于不同的原因去追寻同一个目标，也可能由于同一个原因去追寻不同的目标。[111]人的行为中，最主要的是解释支配人的行为的动机是什么，并从中寻找出如何激励人的积极性的基本原理。由于动机与激励的程度不同，人的工作成绩也是不同的。[112]但是，“在心理学的各类主题中，动机是最不容易研究的”。[113]企业是由人组成的，企业可持续创新是人的行为，对与企业可持续创新相关的人的动机的解释是分析企业可持续创新动力的基础。

4.1 企业创新动力、持续创新动力研究文献述评

熊彼特在早期提出创新理论基本思想时即指出，创新的原动力来自于企业对超额利润的追求和企业家精神。[114]

熊彼特之后的创新研究学者对技术创新动力进行了大量的研究，在20个世纪50～80年代提出了一系列的技术创新动力模型，如技术推动论，市场拉动论，政府启动论，企业家创新偏好驱动论，社会、技术、经济系统的自组织理论，技术轨道推动论等。[115]傅家骥教授将技术创新活动的激励分为两个层次、四大因素，即国家的宏观激励和企业内部的激励两大层次；产权制度、市场制度与结构、政府政策和企业制度四大因素。[116]就企业创新动力相关要素，不同的学者提出了自己的观点：或认为企业技术创新活动最主要靠市场激励和社会激励；或将技术创新的动力分为企业内部动力与企业外部动力；或从心理学和组织行为学角度来研究技术创新的动力问题；或从创新主体的角度，提出技术创新主体动力论；也有学者提出技术创新动力的E—E模式，即技术创新动力的企业家（Enterpriser）——环境（Environment）模式。随着创新动力研究的深入，创新意识、创新愿望、创新预期与创新动机等创新主体因素对创新动力的影响开始受到重视。[117]

张维迎教授把创新看作人的本能，而这种本能的实现，需要物质或精神的刺激，商品经济制度是提供这种刺激的最有效的制度。“人类是最讲实惠的动物，

它对大自然的挑战，都围绕满足自身的需要而展开的。人类创新的本能要变成一种物质的活动，总是离不开物质的或精神的刺激。如果没有这种刺激，任何创新的火花，都可能无声无息地熄灭。而对人的内在创新能力的刺激，只能来自人类生活的制度本身。迄今为止，商品经济制度是人类有史以来所创造的对人们的创新活动最有刺激力的一种制度。它把获取利润变成企业家从事生产经营活动的基本目标。没有利润，企业家就不会创新，同样没有创新，企业家也就不可能获得利润。”[118]

向刚教授认为，企业持续创新的根本动力来源于企业内部而不是企业外部。企业家和企业员工持续创新意识、精神和来自创新效益的利益驱动导致了对企业利润持续增长和企业持续发展目标的强大而持久的追求，这就形成了企业持续创新的根本动力。而企业创新的外部动力源，如技术推动，市场需求拉动，政府启动，技术轨道推动，社会、经济、技术系统的自组织作用等，都必须通过企业持续创新的上述内部动力要素才会真正发生实质性的创新驱动作用。站在企业持续创新的核心和主体——企业家和企业员工角度，企业创新的上述外部动力源，与其说是动力因素，不如说是实现持续创新的外部机遇和条件。[119]

李垣教授认为，创新动力研究“多强调了引起企业技术创新的外部因素……在不同的环境条件下，多数企业具体创新动力决不会是单一的或固定的动力因素结合，它们的创新活动表现出丰富多样的组合”。[120]

总的来看，这些文献反映了对企业创新动力的不同认识，从不同的层次、不同的视角揭示企业创新动力、企业持续创新动力的基本特征，对分析企业可持续创新动力提供了非常有益的帮助。然而，企业可持续创新的动力，需要在以上研究的基础上，进行更全面、更深层次的研究，这是因为，企业可持续创新目标远较一般创新活动乃至企业持续创新的目标更为丰富和复杂，创新过程也更为艰难，企业可持续创新动力远较一般创新动力的内涵丰富，且更为强大和持久。因此，有必要从新的视角，系统、深入地探讨其内涵、要素构成和相互关系。

可持续发展理论告诉我们，经济、环境、社会的协调发展，是人类社会得以持久繁荣的前提。可持续发展是人类为了自身的持久繁荣作出的主动选择，企业可持续创新是人类社会可持续发展的具体行为。行为科学告诉我们，人的行为是受动机支配的，动机是行为的原因。从这种意义上说，企业可持续创新动力来自人的可持续发展的动机。而人的动机的强弱又取决于人的内部需要和外部刺激强度，外部刺激最终也是通过人的内部需要起作用。因此，企业可持续创新动力是对人的动机而言的，如果人没有可持续创新动机，符合可持续发展的技术、制度是不能自行发挥作用的，而这些技术、制度的作用最终还是通过人的行为及其结果来体现的。把技术、制度等要素视为创新动力，容易忽略创新行为发生的真正原因——人的动机，这样会对创新激励产生误导。激励是对人而言的，激励只有落实到具有主动行为能力的人，只有对人的相应的动机产生作用，才能强化相应的行为。把动力的来源确定为人时，激励的对象才真正明确，对技术、文化、制度是不能进行激励的；相反，技术、文化、制度等却可以对人的动机产生激励作用。于是，对企业可持续创新动力的研究转化为对人的可持续创新动机的分析。动力本身是一个很抽象的概念，人的动机、人的内部需要和外部刺激常常是具体的、可以分析的，从人的内部需要和外部刺激来分析创新动力，具有更强的可操作性，创新激励也更有针对性。

当把人的需要和外部刺激作为企业可持续创新动力的源泉时，企业可持续创新机遇和能力就容易明确。企业外部的自然资源、科学技术、制度、文化等要素，可以视为企业创新的机遇；企业内部的知识、技术、组织、制度、文化等要素，反映了企业的能力，这些要素的创新反映了企业的创新能力。这样一来，就建立了一个以人的动机、企业内部各要素、企业外部各要素为基础的动力—机遇—能力分析框架。从这里也可以看到，企业可持续创新动力、机遇、能力是紧密联系的，缺一不可，创新收益的实现是这三个要素共同作用的结果。本书对企业可持续创新实现机理的研究，就是建立在这样一个分析框架之上。

4.2 企业可持续创新动力的定义与基本特性

根据以上分析，本书将企业可持续创新动力定义为：企业内外部人员的追求可持续发展的动机所产生的对企业可持续创新的推动作用。与一般意义的企业创新动力、企业持续创新动力相比，企业可持续创新具有更强的综合性、相关性和可持续特性。

首先，企业可持续创新动力来源更为广泛。企业可持续创新是指基于可持续发展观的创新，可持续发展是直接针对人类社会深层次的、长远的需要而言的，从这个意义上说，企业可持续创新必然会得到包含企业人员在内的社会不同群体的普遍支持。而且，正如本书在第1章所分析的，企业之所以要可持续创新，正是因为政府、社会、市场以及企业自身都对企业可持续创新提出了要求。因此，企业可持续创新动力不仅来自企业内部人员，而且也来自政府人员、社会人员和市场人员。必须要指出的是，企业可持续创新行为是由企业内部人员完成的，企业外部人员的作用也是通过刺激企业内部人员而得以实现的。由于企业内外部条件在不断地变化，企业内外部人员的动机也在不断地变化，因此，企业可持续创新动力也是在不断的变化中。这种将企业内部、外部人员都作为企业可持续创新动力来源的分析思路，使对企业可持续创新的分析跳出了狭隘的个体利益、局部利益、短期利益的局限，而是在一个更高的层次、更大的范围、更为长久的整体利益基础上进行分析，这样有助于对企业可持续创新动力作一个较为全面、深入的分析。因此，企业可持续创新动力具有很强的综合性。

其次，企业可持续创新动力最终是由人内在的需要产生的一种对人的行为的推动作用，它只有与企业可持续创新能力、企业可持续创新机遇共同作用，才能实现经济、社会和环境的整体效益。企业可持续创新动力、机遇和能力具有较强的相关性。

最后，企业可持续创新与一般意义的企业持续创新相比，更为艰巨而伟大，需要政府、社会给予更多的支持，企业可持续创新动力的内涵更为丰富。

4.3 动机理论

4.3.1 动机基本理论

心理学研究表明，人的行为（Behavior）与动机（Motivation）是不可分的，任何行为都有动机，动机是行为的原因。[121] 动机引发人的活动，并推动和引导人朝着特定的目标努力坚持下去。一个完整的动机—行为过程如图 4.1 所示。[122] 从这里可以看到，行为的动力来自内部需要（Need）。

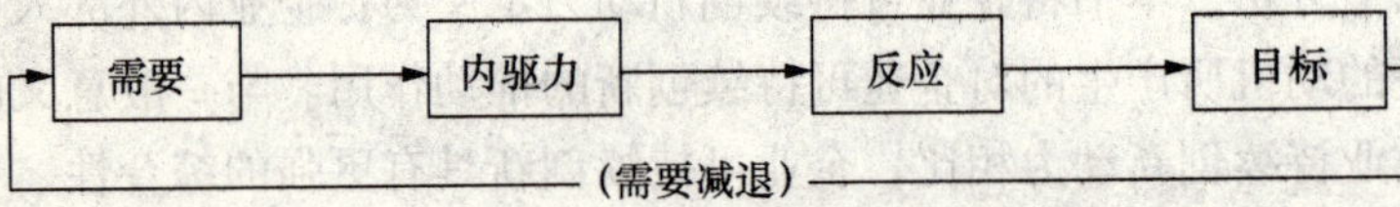

图 4.1 动机—行为过程

研究表明，人在身体上生而具有某些调节机构，能够自行运作，经常保持某一适于个体生存所需的标准，借以维持生命，从而发挥其生活上的功能，这种作用被称为均衡作用（Homeostasis）。需要（Need）是在个体生理上的匮乏状态达到体内均衡作用必须调节的程度时产生的。在现代心理学上，需要已不限于生理上的应用，而扩大用以表示心理上的匮乏状态。[123]

人的行为的动机不全是来自人体内部。“一些目标的诱惑力很大，即使没有内部需要，也能激发行为。需要和刺激共同决定着内驱力的强度。大多数情况下，人的行为是由内在需要和外在诱因两方面因素共同驱动的。而强烈的内在需要能够使得一些本来缺乏吸引力的刺激物变成合乎需要的目标”。[124]能够引起个体动机的外在刺激，被称为诱因（Incentive）。凡是引起个体趋近或接受并由之获得满足的刺激，称为正诱因（Positive Incentive）；凡是引起个体躲避或逃离，并因避离而感到满足者，称为负诱因（Negative Incentive）。因此，引起个体行为动机的因素有两大类：一类是自发的，失衡、需求、驱力等属之，称为“内推性因素”。另一类是外诱的，称为“外拉性因素”。[125]

动机有多种分类方法。动机一般分为生理性动机（Physiological Motives）与心理性动机（Psychological Motives）。也有心理学家将人的动机分为三类：一是基本动机（Primary Motive），为了维持生命的需要所必须满足的动机；二是刺激寻求动机（Stimulus Motive），对刺激和信息的需要，包括活动、好奇、探索、操作和身体接触等，它们也属于内在需要，但并不是生存所必需的；三是第二性动机（Secondary Motive），是后天习得的，如权力、地位、成就需要、亲密关系需要等。[126]严格地说，Motive 与 Motivation 是有区别的，动机与需要是有区别的。Motivation 泛指个体某种行为发生的原因，Motive 特指促使个体表现某种行为的内在条件。而按马斯洛的理论，动机是由多种不同性质的需要所组成。如就“需要”一词的广义用法来看，事实上已经成了“动机”的同义词。[127]

马斯洛认为，人的需要包括生理需要、安全需要、爱的需要、尊重的需要和自我实现的需要五个方面，这些需要有高级与低级之分，生理需要与安全需要是较低级的需要，爱的需要、尊重的需要和自我实现的需要则是较高级的需要。[128]需要已经满足了，就不再是需要了。有机体仅仅受到尚未满足的需要的支配，产生行为，如果这种需要已经满足，那它在个人当前的动力中就成了不重要的了，满足的需要就不再是一股推动力。大多数人在正常情况下，他们所有的基本需要，部分得到满足，部分却得不到满足。[129]

Allport 指出，高级需要的发展只有建立在低级需要的基础上，但最后一旦牢固建立，就可以相对地独立于低级需要。① 马斯洛认为，越是高级的需要，就越为人类所特有。越是高级的需要，对于维持纯粹的生存也就越不迫切，其满足也就越能更长久地推迟，并且这种需要也就越容易永远消失。高级需要的满足能引起更合意的主观效果，即更深刻的幸福感、宁静感，以及内心生活的丰富感。高级需要的满足有更多的前提条件，在高级需要层次上，生活是更复杂了。那些两种需要都满足过的人们通常认为高级需要比低级需要具有更大的价值。他们愿为高级需要的满足牺牲更多的东西，而且更容易忍受低级需要满足的丧失。需要的层次越高，爱的趋同范围就越广。高级需要的追求与满足具有有益于公众和社会

① 林方主编．人的潜能和价值——人本主义心理学译文集［M］．北京：华夏出版社，1987：208.

的效果。在一定程度上，需要越高级，自私就一定越少。高级需要的满足比低级需要的满足更接近自我实现。高级需要的追求与满足导致更伟大、更坚强以及更真实的个性。生活在自我实现层次的人既是最爱人类的，又是个人特质发展得最充分的人。高级需要层次上的生活可以相对地不受低级需要满足的支配（甚至不受高级需要满足匮乏的限制）。高级需要和低级需要具有不同的性质，但高级需要与低级需要都是类似本能的和动物性的。对知识的需要，对理解的需要，对哲学深思生活的需要，对理论参照系统的需要，对价值系统的需要，这些本身都是我们原始动物本性的一部分（我们是非常特殊的动物）。我们的基本需要虽然是类似本能的，却是较弱的。我们人类的本能需要提防文化、教育、学习的干扰。基本需要越高，它们就越弱，越容易被改变和压制。改善文化的意义就在于给予人们内在的生物倾向一个更好的实现自身的机会。[130]精神生命是人的本质的一部分，它是确定人的本性的特征，没有这一部分，人的本性就不完满。它是真实自我的一部分，人本身的一部分，人的族类性的一部分，完满的人性的一部分。我们的“最高本性”很可能就是我们的“最深层本性”。超越性动机是遍及全人种的，从而是超文化的、人人共同的，并不是文化随意创造的。但它们是潜在性的，而不是现实性的。[131]

马斯洛的需要理论得到了普遍认可，不过从整体上说，这一理论尚未得到实证研究的检验。马斯洛本人没有为他的理论提供实验证据，一些试图寻求其有效性的研究也无功而返。[132]

个人需要还与适应水平现象（Adaptation Level Phenomenon）有关。适应水平现象意味着成功与失败，满意与不满意的情感都是相对于先前的状态而言的，如果我们目前的成就降到我们先前所达到的水平之下，我们就会产生不满和挫败感；如果成绩超过了先前的水平，我们就会体验成功和满意感。如果我们不断地取得成功，那么，我们将会很快适应成功。从前让我们感觉良好的事件现在却变成了中性事件，以前让我们感觉中性的事件现在很可能让我们体验到一种失落感。这能够帮助我们解释为什么人类在过去的几十年里实际收入虽然持续快速地增长而多数人并没有更幸福的感觉。人们总是低估自己的适应能力。[133]因此，从长期来看，人的需要是不会得到完全的满足的。

4.3.2 人与人的动机存在差异

麦格雷戈（Douglas McGregor）提出了关于人性假设的 X 理论（Theory X）和 Y 理论（Theory Y）。① X 理论代表了一种对人的消极观念，它认为工人没有雄

① D. McGregor. 载斯蒂芬·P. 罗宾斯，玛丽·库尔特. 管理学（第 7 版）［M］. 孙健敏等译. 北京：中国人民大学出版社，2004：454.

心大志，不喜欢工作，只要有可能就会逃避责任，为了保证工作效果必须要严格监控。Y 理论提供了一种积极的人性观点，它认为工人可以自我指导，他们接受甚至主动寻求工作责任，他们把工作视为一项自然而然的活动。麦格雷戈本人相信 Y 理论更抓住了人的实质特点，认为应该以此指导管理活动，他坚信 Y 理论的假设比 X 理论更有效。遗憾的是，并无研究证据证实哪一种假设更为有效。

麦克利兰（D. C. McClelland）等人提出了三种需要理论（Three - needs Theory），[134][135]认为三种需要推动人们工作：成就需要（Need for Achievement）、权力需要（Need for Power）、亲和需要（Need for Affiliation）。高成就需要者追求的是个人成就感，而不是成功之后得到的荣耀与奖赏，他们总是渴望把事情做得比以前更完美、更有效。从追求成功的观点而言，一般人追求的目标有两种，一种是学习目标（Learning Goal），另一种是表现目标（Performance Goal）。麦克利兰发现，对工作成就动机高者均无领袖欲。① 权力动机（Power Motive）是指个体所怀的一种强烈地影响别人或支配别人的欲望。凡是对社会事务有浓厚兴趣，而且极愿以其作为影响大众的人，其行为背后均有强烈的权力动机。从个人的外现行为来看，权力动机分为两种：一是个人化权力动机（Personalized Power Motive），另一种是社会化权力动机（Socialized Power Motive）。前者动因为己，后者动因为人。亲和动机（Affiliation Motive）是指个体在社会情境中对其他人所存有的与之亲近的内在需要，需要别人关心，需要友谊，需要爱情，需要别人的认可支持与合作等。亲和动机存在于人类的天性之外，主要是后天习得的。[136]最优秀的管理者是那些权力需要较高而归属需要较低的人。[137]

4.3.3 社会与群体环境对人的动机的影响

人的动机与周围环境有着密切的联系。“我们生活的大部分是围绕社会比较而进行的”。在任何场合下，引导我们做出反应的不仅仅是我们内在的态度，同时还有我们面对的情境。社会角色具有强大的影响力，社会助长实验表明，群体能引发人们的唤起状态；社会懈怠实验表明，群体能扩散责任。群体能产生一种兴奋感，那是一种被比自己更强大的力量吸引住的感觉。在某些群体情境中，人们更可能抛弃道德约束，以至于忘却了个人的身份，而顺从于群体规范——简言之，也就是变得去个体化（Deindividualed）。群体决策往往会更加冒险。讨论中，不同的看法会趋于一致。人们趋于统一所得出的观点往往比他们的原始观点所得出的平均值更倾向于冒险。在讨论之后也会变得更为谨慎。[138]群体成员对别人观

---

① D. C. McClelland，Dweck，C. S. 载张春兴. 现代心理学——现代人研究自身问题的科学［M］. 上海：上海人民出版社，1994：518，514.

点重复得越多，他们就越可能在不断的复述中认同这些观点。[139]一旦群体为稀缺资源而竞争，就会出现偏见。[140]社会同一性（Social Identity）理论指出，人感觉自己比他人优越。人类会为其群体而欢呼，为其群体而杀戮，为其群体而献身……人们倾向于积极地描述自己的群体，以便于能够积极地评价自己。[141]

经过调查和实验发现，积极的体验（常常是与社交有关的体验）能使我们感到更幸福。生命中最重要的东西并不是物质。我们大部分的生活是以社会比较为中心的。快乐同样如此，不仅取决于我们与自己过去的经验相比较，而且还取决于自己与他人进行比较。[142][143]哈格蒂观察到，富裕程度的增加不能带来幸福感，一般来说，当收入更均等而且很少有人明显超过自己时，人们会觉得自己更幸福。①

适应水平现象和社会比较可以深深地启迪我们：通过物质成就来追求满足感要求财富不断地扩展，但这却仅仅只能维持这种满足感。正如柏拉图所说，贫困并不是因为一个人的财产少了，而是因为他的贪婪增加了。如果物质主义不能提高生活质量，那么什么能够做到这一点呢？一是亲密、支持性的关系。我们最深层次的需求只有通过亲密的支持性的关系才能获得满足。二是团体信仰。团体经常是这些联系的来源，同时还包含其意义和希望。三是积极的特质。乐观、自尊、知觉到的控制感和外向性也是幸福体验和幸福生活的标志。四是全神贯注。表现个人技能的工作和休闲经历也是幸福生活的标志。[144]

在具体的人的行为分析中，无论采取任何分类方法来讨论动机，都是相当勉强的。这是因为，第一，没有一种动机是孤立的。原始性动机也会受学习与社会因素影响。第二，类似的动机未必表现类似的行为，如恐惧可能导致逃避，也可能导致进攻。类似的行为未必出自类似的动机，学生读书有的是为充实自己，也有的是为取悦别人。第三，任何一种行为的背后，都可能蕴藏着多种不同的动机。[145]

4.4 企业可持续创新动力分析

企业可持续创新动力是由不同的人、不同的群体的可持续创新动机产生的推动作用。企业与政府、社会、市场等有着密切的关系。关于企业与政府、社会及市场的关系，有四种基本模型。[146]

① 迈尔斯．社会心理学（第8版）[M]．侯玉波等译．北京：人民邮电出版社，2006：481.

第一种是市场资本主义模型。这种模型在企业管理者及经济学家中流行了二百多年，它的基本思想是：企业只与市场发生直接作用，而不与市场以外的社会环境发生直接作用。

第二种是统治模型。19 世纪下半期，美国出现了大型托拉斯组织，并出现了这些组织收买政治家、操纵立法的现象。在这种情况下，农民以及企业的批评者认为，一小部分的社会精英组成的大企业和大政府阶层统治着社会大众。

第三种是动态作用模型。它将企业、政府、公众和其他环境因素视为一个相互作用的系统。模型显示，企业受到的影响主要来自环境力量的变化，这种变化包括经济的力量，也包括非经济的力量。而企业也对社会的每个方面产生影响。

第四种是利益相关者模型。模型显示企业处于利益相关者的利益中心。

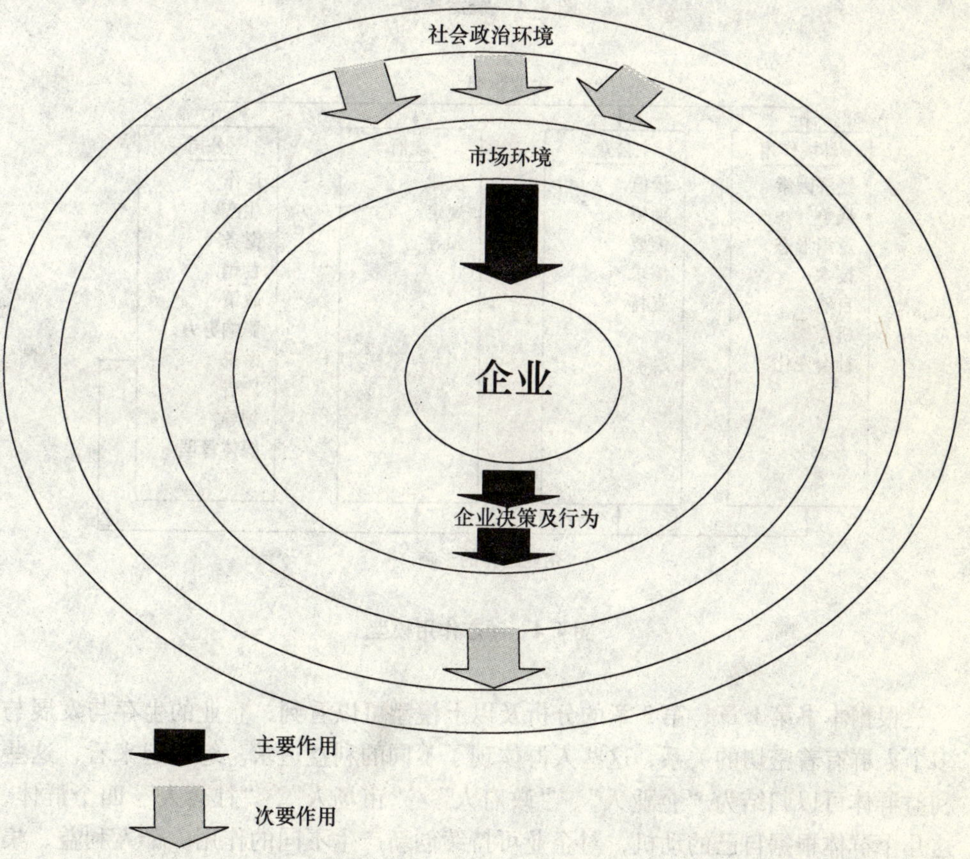

图 4.2　市场资本主义模型

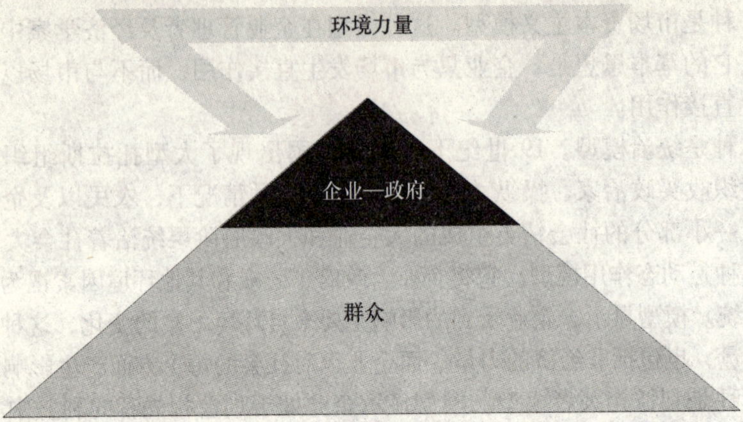

图 4.3　统治模型

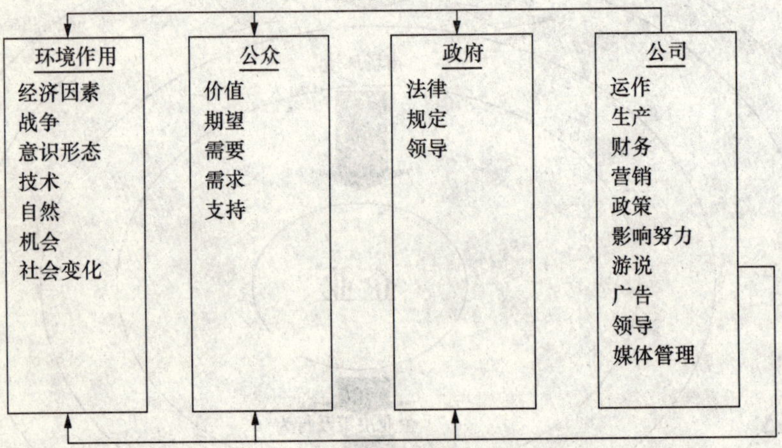

图 4.4　动态作用模型

根据本书第 1 章、第 3 章的分析及以上模型可以看到，企业的生存与发展与多个人群有着密切的关系，这些人群体现了不同的利益追求。综合起来看，这些利益群体可以归结为“企业人”、“政府人”、“市场人”、“社会人”四个群体，这几个群体根据自己的动机，对企业可持续创新产生不同的作用。个人利益、集团利益、公共利益并不总是一致的，因此，即使是谋求共同的、长期的公共利益，所有人的行为并不是一致的，因为各人的动机是不一样的，要增强人的集体行为的动力，需要建构和形成适应不同群体的激励机制，使不同群体发挥应有的作用。

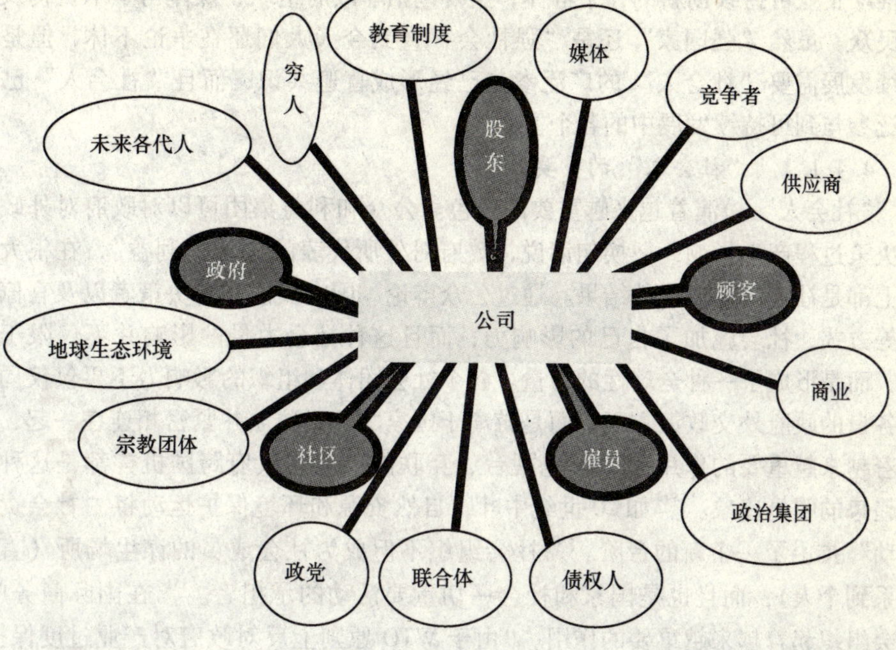

图 4.5　利益相关者模型

动机理论主要是对个人动机而言，本书对企业可持续创新动力的分析主要是分析群体的动机。由于群体的动机是建立在个人动机的基础之上，社会和群体环境对个人动机有重要影响，而且对同一个群体而言，其内部需要和外部环境具有相似性，总体上看，一个群体的动机常常具有相似性，因此，本书认为，从一定意义上看，动机基本理论对群体动机分析也是适用的。

4.4.1　"社会人"对企业可持续创新的推动

4.4.1.1　"社会人"的含义

在日常生活中，"社会"一词有两层含义：一是指所有人构成的社会，即"人类社会"；二是指西方的"社会"概念。西方国家普遍认为在国家与家庭之间，存在一个"社会"，它是与国家和家庭并称的一个概念。[147] 美国独立革命时期思想家潘恩指出："地主、农民、工厂主、商人、手艺人以及各行各业的人，是通过彼此帮助而兴隆起来的。共同的利益调节着他们之间的关系，并构成了他们的法律；而这些约定俗成的法律比政府的法律影响更大。总之，凡是交给政府去做的事，社会几乎都可以自己来做。"[148]

根据前文的讨论，"社会人"是指"政府人"、"市场人"、"企业人"以外的推动企业可持续创新的一个群体，主要包括非政府组织、媒体与学术机构及普通民众。虽然“强国家”还是“强社会”直到今天人们还在争论不休，但是可持续发展需要“社会人”的广泛参与已经形成普遍共识，而且“社会人”已经广泛参与到可持续发展中的各个方面。

4.4.1.2 “社会人”的重要性

“社会人”扮演着越来越重要的角色。公众和利益集团可以对政府对外政策的决策过程产生影响……换句话说，政府对外所代表的“国民利益”，在很大程度上都是社会集体讨论的结果。通过公众辩论、国会决议和对决策者以及官僚游说等方式，社会施加了自己的影响力，而且这种社会力量的影响并不仅限于国内，而是形成了一种全球性的力量。各个社会团体和组织的影响力不再仅仅局限于各自的政府外交政策方面，而是游离于国家之外、独立并紧密相连在一起，发挥着越来越重要的作用。CNN 电视台、互联网以及非政府跨国机构都是这种发展趋势的明显迹象。[149] 如 20 世纪中叶，自然资源和环境保护运动将“社会责任运动”推上了一个新的台阶。[150] 社会组织不但成为社会成员的谋生场所（直接关系到个人），而且也是国家和社会一切重要活动的承担者。[151] 在国际商务中，社会组织起着越来越重要的作用。“由于 WTO 原则上反对政府对产业过度保护，充当行业‘保护伞’的不是政府，也不是一个企业代表，而是行业协会。”[152]

当前，“社会人”对企业的影响超过了历史上任何时期。“今天任何感兴趣的人，无论是公司内还是公司外，任何时间与任何地点，都能够得到公司活动的大量信息。失望的顾客以及不满的雇员们都会向全世界宣告他们的不满与抱怨。环境学家、人权的支持者、顾客群体、劳工组织等，这些人都在应用技术来集结全世界的力量。传统的媒体，如报纸、电视、收音机随时准备传播关于公司的不良行为。许多公司发现自己实际是在一个鱼缸中工作，每一步都受到广泛的关注。对于今天的任何公司最安全的概念是任何事情都会被公布于众。”[153]

4.4.1.3 “社会人”的作用形式

普通民众期望现代企业承担更多的责任。公司被越来越多的人认为是负有责任的人，它们的功能是在道德框架中执行任务。伴随着这种变化，出现了一种新的评价公司行为的标准。不单单是用经济指标来衡量，今天的公司还逐渐用道德和经济两个指标来衡量。最优秀的绩效者是那些在两方面都胜过他人的公司。1999 年开展的关于公司社会责任的千年民意调查（The Millennium Poll on Corporate Social Responsibility）对 6 大洲的 23 个国家的 25000 人进行了调查，每 3 个受调查的人中有 2 个认为公司应该超越传统的功能，如努力盈利、依法纳税、创造就业机会以及遵守法律法规，还应该努力树立更高的伦理标准，并服务于更广泛的社会目标。[154] 许多人希望公司不仅仅是提供基本的经济产品，也希望企业降低或根除其他活动的负面影响。2000 年的调查表明，全世界的问卷回答者都会从财政与社会两个因素来判断一家公司。当被问及他们如何形成对各个公司的印象时，一般人提到了劳动实践、商业伦理、社会责任以及环境影响。1996 年在华盛顿特区、东京、莫斯科进行的调查中，三个城市的多数人都同意公司在避免事故中比个人负有更大的义务，他们希望公司在做出决定时要比个人更加仔细。[155]民众对企业履行社会责任的压力不断增强，近几十年来，工人运动一直把工资、工时、就业保障、组织工会的权利、社会保险、职业安全及保健、集体谈判等作为斗争的主要目标。[156]

社会需求是企业生存与发展的前提，也是政府决策的基础。普通民众的期望反映了社会需求的发展趋势，普通民众的期望既可以直接对企业可持续创新产生作用，也会通过政府和市场对企业产生作用。

媒体及学术界对企业行为具有引导和监督作用。媒体一直对企业的行为产生着重要的引导和监督作用。各种媒体时刻关注着企业的行为，并随时准备传播关于企业的各种信息。学术界担负着教育和思想传播的功能，也对企业行为产生着影响。20 世纪 30 年代，美国哈佛大学法学院教授贝尔和多德就对企业是否需要履行社会责任进行了争论。贝尔认为，企业管理者是只受股东委托、唯股东利益是从的股东权益受托人。多德认为，企业是既有盈利功能，又具社会服务职能的经济机构。20 多年后，贝尔宣告多德的观点是正确的，并成为忠实的、坚定的“企业应负社会责任”支持者。[157]国务院 2007 年 2 月 8 日召开的全国加强食品药品整治和监管工作电视电话会议上，国务院副总理吴仪指出，随着经济社会发展和生活水平提高，新闻媒体的报道也更加频繁和深入，信息透明度空前提高；政府要把与食品药品有关的法律法规、标准、标识、规范和检测结果、监管信息，集中在政府门户网站上，供公众查询检索，中央政府门户网站要带头这样做。媒体和学术界的影响在不断加强，它们的影响不只是影响企业行为，还会通过政府和市场对企业产生影响。

非政府组织对企业行为具有引导和监督作用。长期以来，非政府组织对企业产生着重要的作用。非政府组织组成了介于国家、地区和文化之间的特殊桥梁。联合国全球公约 1999 年公布的 9 项原则包括人权、劳动力与环境。[158]商业圆桌规则是商业领导人制定的一套全面的商业规则，[159]对企业有多方面的约束。OECD 制定的对跨国公司的指导[160]对企业行为发生着广泛的影响。全球报告推动计划是 1997 年由环境组织、公司及其他的 NGO 与学术机构联合发起的关于环境、社会及经济行为的广泛的指导。[161]可持续发展工商理事会 1998 年开始了关于社会责任概念与实施的论述，已于 2000 年公布。[162]1997 年美国的社会责任国际组织制定了世界上第一个企业社会责任国际标准，简称 SA8000，虽然至今还没有得到国际标准化组织 ISO 的承认，但已在全世界产生了广泛的影响。企业社会责任标准从根本上讲，是规范了企业投资人、员工、消费者以及其他利益相关者的“人与人”之间关系的企业行为准则。[163] 2000 年生效的伦敦股票交易所的新要求是：上市公司必须公布他们处理重大风险的政策，这不仅仅包括财政与技术上的风险，也包括与法律、健康、安全、环境、声誉及“商业正直”相关的问题。① 非政府组织也会对政府、市场产生直接监督作用，并通过政府和市场对企业可持续创新发生作用。

4.4.1.4　“社会人”的构成及其动机分析

相对于政府、市场与企业这些具有更强的稳定性和功能性的组织而言，“社会人”更分散，更多地体现了普通民众的意愿。普通民众、媒体和学术机构以及非政府组织构成了“社会人”主体。

普通民众动机分析。越来越多的人把自然环境、社会环境作为生活质量的一部分，可持续发展的目标实现了所有人的、长久的繁荣，普通民众是企业可持续创新的直接受益者。谋求公正、富裕、舒适的生活是普通民众的基本动机。一般来说，普通民众追求可持续发展的动机是基于个人需求出发的。

媒体与学术机构动机分析。在倡导民主、言论自由的社会制度下，媒体通常被认为是民意和公益事业的代言者。现代媒体多是以企业的形式存在的，虽然做不到完全的公正，但随着全球民主意识的增强及现代信息技术的发展所带来的信息透明度增加，媒体的公正性及产生的影响正在不断加强。媒体为了自己的生存和发展，希望不断扩大自己在公众中的影响力，以获取更多的支持。扩大自身的影响力，获得公众的支持以及自身经济利润的增长，是现代媒体与学术机构的基本动机。

非政府组织动机分析。一般来说，非政府组织没有明显的物质利益追求，尽管一些较大的国际组织时常会暴露出维护自身官僚主义利益的倾向，但是大多数时候，它们还是更注重于社会公益事业。其中，很多地方性、地区性或国家级的团体组织，由于在自己国家无法单独达到目的，为了实现一个共同的目标，于是不断加强和国外志同道合团体组织之间的密切联系，进行跨国界的合作。诸如国际红十字会、人权观察、大赦国际或绿色和平组织等国际性组织，他们都以惊人的速度发展壮大。根据最新统计数字证实，有 2000 个这样的地区和国际组织致力于环境保护、人类和平、裁军和人权等各项公益事业。[164] 总的来看，谋求公益事业是大多数非政府组织的基本动机。

由以上分析可以看到，非政府组织通常是由具有较强的公益性动机的人组成

① Turnbull. 载林恩·夏普·佩因. 公司道德：高绩效企业的基石［M］. 杨涤等译. 北京：机械工业出版社，2004：100.

的，这些组织往往体现了更强的追求可持续发展的动机，采取的行动也更为坚决，但产生的影响还很有限。由于一些媒体和学术机构有自己的利益和价值观，常常优先追求自身利益，追求可持续发展动机并不是十分强大，并具有一定的不确定性，但媒体产生的影响力较大。普通民众对可持续发展的动机往往出于自身的需要，力量较为分散，产生的影响较小。因此，必须看到，随着信息技术的快速发展，“社会人”关注的问题和作用的形式更为复杂多样。

在欧美发达国家，新闻媒体和激进的非政府组织（NGO）对社会责任问题非常关注，他们深入调查发展中国家违反劳工标准的事件，然后在报纸、电视和互联网等大众媒体上跟踪报道，指责它们为“血汗工厂”，这使得越来越多的消费者要求跨国公司改善海外合约工厂的劳动条件。[165]中国多个环境NGO组织也开展了一系列环境保护活动。2004年6月，中国第一个由企业家共同发起的“阿拉善SEE（Society Entrepreneur & Ecology）生态协会”成立，它致力于生态环境的保护和修复事业。[166]从郑筱萸一案可以看到，普通民众中也有长期与部分政府官员以及企业的不正当行为作斗争的人存在。“齐二药”案发后，《南方日报》坚持公正报道，起到了激浊扬清的作用。[167] 20世纪90年代中期，壳牌公司被舆论批评，不仅因为它的不佳经济业绩，也因为它的环境记录、在人权方面的立场以及在尼日利亚与野蛮的独裁者合作。宜家1994年被电台转播在手工织地毯工业中使用童工。20世纪90年代，耐克被劳工组织抗议，供应商都是贫困地区独立的合作者。[168]这些案例显示，“社会人”对企业的作用是巨大的。

4.4.2　“政府人”对企业可持续创新的推动

4.4.2.1　“政府人”的含义

政府（Government），广义地讲，是一种制定和实施公共决策，实现有序统治的机制。狭义地讲，政府即国家权力机关的统称。政府被视为一种正式的和制度化的过程（Processes），旨在维持秩序，实施集体行动。其主要功能是制定法律（立法）、实施法律（行政）和解释法律（司法）。[169]哈耶克认为，政府与一般组织的一个不同点就在于政府拥有强制性权力，而社会中一般组织不得拥有强制性权力。政府的首要职责是为社会的自我成长提供基础性保障。①

政府不是一般的行为主体，而是具有强制能力的行为主体。在操作层面上，政府是市场竞争中强制性显规则的“垄断者”。政府只能做显规则规定可以做的事，一般竞争主体可以做任何显规则未禁止做的任何事。[170]政府作为一种客观存在的制度形式，是人类长期选择的结果。在政府表面的、复杂的组织体系与制度

① 哈耶克．http：//finance. jrj. com. cn/news/2007－06－11/000002314050. html.

体系背后，是有着复杂动机的“政府人”。政府对企业可持续创新动力的大小，是由“政府人”可持续创新动机的强度决定的。

4.4.2.2 “政府人”的重要性

“脱离政治因素是无法解释许多经济行为和现象的，特别是那些明显低效率的经济政策和经济制度”。[171]政府作为一个国家机器支持的强制性规制（Regulation）机构，对可持续发展起着至关重要的作用。“制度因素是可持续发展的本质。没有制度的保证，任何一项符合可持续发展的政策都难以贯彻执行……市场经济能够调动人们追求自身利益的动力，但仅仅靠经济利益驱动不会自动地导向一个符合生态经济规律和社会上的社会经济结构”。[172]由于可持续发展涉及的许多问题如公共产权、外部性、生态等领域难以市场化、信息不对称等问题，因而需要政府发挥特殊的作用。“政府人”是经济政策和经济制度的制定者，其动机和行为对企业可持续创新必然产生重要的影响。

4.4.2.3 “政府人”的作用形式

“政府人”的作用是通过制度的制定和实施来实现的。政府干预市场是一个普遍现象，“即使最顽固的自由市场经济也已引入了价格管制、计划、污染控制、劳动法、反垄断和反托拉斯措施，所有这些都在对抗资本的直接利益”。[173]政府可以利用自己控制的资源和强制力量，改变企业的运行环境，规范企业的行为，使企业为可持续发展服务。反过来，如果政府规制不足，企业竞争秩序不正当，机会主义盛行，即使一些企业具有可持续创新的动机，在实践中也难以实现，因为“肆无忌惮的对手会破坏一个有社会责任感的公司希望在光明正大的基础上展开竞争的努力”。[174]

有效的政策通常取决于三个因素：政府是否选择干预，采取哪种干预措施，这些措施如何在实践中实施。[175]以环境政策为例，环境经济手段分为庇古手段和科斯手段两大类，前者表示以庇古为代表的经济学家强调通过政府干预的手段使得外部性内部化，后者表示以科斯为代表的经济学家强调由市场机制本身来解决外部性的问题。[176]

政府通常是综合运用行政、教育、经济、法律手段推动企业可持续创新。综合来看，政府对可持续发展的规制手段主要包括以下内容：①教育与公共设施建设。政府利用掌控的教育机构或媒体，进行可持续发展教育，建立公共设施，对企业可持续创新提供知识与技术支持。②限价。政府的最高限价常用于垄断性自然资源及其相关产品（如水、电等），最低限价常用于紧缺的自然生态资源产品（如稀有金属等）或用于维持和改善某些具有潜在价值的废弃物的市场，以促使该废弃物不被倾倒而被再利用。③进入限制。对一些不符合可持续发展的行为进行进入限制。④税收支持。采取减免所得税、免征增值税、不征收营业税、出口退税等政策，支持企业可持续创新。⑤产品特征的限制。包括产品质量、安全性、耐久性及清洁方面的限制。⑥企业投入与技术规制。⑦明确产权。⑧补贴。一般是对在执行环境标准中面临困难的企业进行财政鼓励，或者对有正外部效应的生产企业给予一定的财政补助。⑨信贷政策。对一些促进环境保护、有利于改善生态环境的产业或产品，金融机构予以积极贷款支持。⑩押金—退款制度。⑪强制刺激手段。强制刺激是指对违章者通过预付款或补交款的方式给予惩罚。⑫外资政策。能够节约能源和原材料、综合利用资源和再生类资源以及防治污染的项目属于鼓励类外商投资项目。[177][178]

政府的作用还可以对他国企业产生影响。发达国家对环境质量的需求越来越强，绿色壁垒这一贸易保护主义新措施开始盛行。[179]由于我国与发达国家的生态标准还存在一些差距，因此，这为一些国家对我国实施绿色贸易壁垒制造了口实。国外环境标准（包括合理的环境措施与不合理的绿色壁垒）已对我国一些行业和产品的市场准入构成了不利影响。① 日、美、欧的环境措施还在不断加强：①频繁出台和修订与环境相关的法律法规，扩大管制范围；②不断增加检测项目，改变检测方法，提高标准水平；③受环境措施影响的行业和产品大多是发展中国家具有比较优势的行业和产品；④预防性原则越来越多地被用于环境法律和措施；⑤一些控制措施已由针对最终产品扩展到针对产品生命全过程。[180]

4.4.2.4 “政府人”的构成及其动机分析

根据政治学家威尔森的观点，规制机构的成员可以划分为三类：第一类是职业主义者，第二类是政治家，第三类是专家。职业主义者成员的行为偏好是规制机构的长期存在和发展，他们期望长期占据规制机构里的职位，以保持自己职业生涯的稳定，他们不喜欢放松规制等任何有可能削弱规制机构权力的举措。政治家成员关心的是自己政治生涯的发展，规制机构只是他们通向更高、更好职位的一个阶梯或跳板，大多数规制机构成员可以归为此类。专家成员更多带有知识分子色彩，与其他两类成员相比，更为追求“真理”，会真正从规范经济分析角度来考虑究竟应实行什么样的规制政策，他们的私利在于看重自己的专业声誉，并力求在专业研究领域不断进步。不同类型的规制成员偏好不同类型的规制政策，对外界“寻租”的防范力也有所不同，这都会对政策的制定效果产生不同影响。[181]凯恩斯主义经济学家对人类行为分析采取的是两个完全相反的标准，在市场选择领域，假定人人都是自利的；而政治选择领域，自利的人又变成了“慈善”、“博爱”的利他主义者。布坎南则认为，担任政府公职的是有理性的、自私的人，其行为可以通过分析其任期内面临的各种诱因而得到理解。[182]奥尔森坚

① 国家环境保护总局《WTO新一轮谈判环境与贸易问题研究系列丛书》编委会编．WTO新一轮谈判环境与贸易问题研究［M］．北京：中国环境科学出版社，2005：序．

持以理性自利的经济人作为分析政治家与政府官员行为的出发点。[183~186]奥尔森在《集体行动的逻辑》一书中指出，集体中有“搭便车”的个人，国家中也有“搭便车”的群体。因为国家可以对收入进行再分配，利益集团就可以通过“寻租”活动（Rent Seeking）影响经济政策的制定，改变收入再分配的方案，从而增加利益集团自己的收入。寻租活动不但要浪费大量的资源，而且改变了社会的激励机制。奥尔森在《国家的兴衰》一书中，提出了“狭隘利益”（Narrow Interest）与“涵盖利益”（Encompassing Interest）的根本区别。“狭隘利益”集团的自身利益与社会的繁荣关系不大，因而企图通过损害社会利益来提高自身利益。“涵盖利益”集团的自身利益与社会的繁荣密切相关，因而有强烈的激励为社会提供公共物品，在争取收入再分配时比较有节制，注意减少对社会利益的危害。奥尔森在《权力与繁荣》一书中，通过“罪犯比喻”让我们看到政府也有两只手：掠夺之手和扶助之手。这些分析显示，“政府人”的动机并不完全一样，“政府人”的动机与本人的知识背景和激励机制有着密切的联系。

研究发现，不同文化的社会中都存在一些利他主义者，但这些人毕竟是少数，数量少于1%。模型类比结果显示，一个群体或社会中如果有3%的利他主义者，整个社会的风气和行为规范就会出现可喜变化。40%~67%的人属于“以德报德、以怨报怨”一类，这类人被称为“规范使用者”。另外有20%~30%的人是自私自利的人，这类人被称为“理性利己主义者”。“规范使用者”又可以细分成两种，即“条件合作者”和“志愿惩罚者”。“条件合作者”愿意发起协助行动，并且只要群体中有一定比例的人以互惠行为作反应就坚持合作。实验结果发现“理性利己主义者”和“条件合作者”两类人加在一起占大多数。“志愿惩罚者”是“疾恶如仇”的侠客，只要有可能，他们就会惩罚“搭便车”者，即使惩罚行为对“志愿惩罚者”本身的个人利益造成明显的损失。研究发现，“志愿惩罚者”的存在对于集体行动的结果有很大影响，他们约束“搭便车”行为，起着维护社会行为规范的作用。[187]

从以上分析可以看到，总体上看，“政治家追求的是一种社会稳定，或者是维持权力的长久。追求全社会的利益最大化并不意味着这样做就是最稳定的”。[188]这正是人类社会最棘手的一个两难状况：一方面，政府必须拥有权力和强制手段才能维护社会秩序、保护私人财产、取缔掠夺行为；另一方面，政府又是由有复杂的动机的人组成的，“政府人”也可以利用手中的权力对人民进行掠夺。“政府人”短期行为、腐败行为、“形象工程”、“花瓶工程”屡见不鲜，甚至出现政府打压、破坏、阻止企业创新的行为，这都说明“政府人”对企业可持续创新的作用是异常复杂的。虽然“政府人”在总体上具有共同的利益追求，但不同的群体，其利益追求又会有很大的区别。利他主义者和志愿惩罚者具有较强的公益性动机，他们往往体现了更强的追求可持续发展的动机，采取的行动也更为坚决，产生的影响较大。条件合作者常常优先追求自身利益，追求可持续发展动机并不是十分强大，并具有一定的不确定性。理性利己主义者则是以自己的需要为中心，利用一切机会谋取私利，对企业可持续创新的推动是在优先满足自身需要的前提下进行的。

2006年企业社会责任在中国受到广泛关注，主要有三个原因：一是政府部门的推动，商务部把推进公司责任作为2006年“转变外贸增长方式”的一项重要工作；二是立法的推动，强化公司的社会责任被明确写入新修订的《公司法》中；三是2006年国家电网所作的企业社会责任报告得到了温家宝总理的亲自批复，在中央企业里面影响很大。[189]郑筱萸案发后，2007年1月24日的国务院常务会议上，国务院总理温家宝对药监系统的腐败做了极其严厉的批评。会议要求对郑筱萸的违纪违法问题彻底查清，依法严肃处理。2007年2月8日，国务院副总理吴仪在国务院召开的全国加强食品药品整治和监管工作电视电话会议上指出，广大群众把生命和健康这样重要的事情交给了政府监管部门，是对政府的信任，政府工作人员都应该有一种自豪感和一种使命感。吴仪强调，各级领导干部手中的权力，是党和人民赋予的，只能用来为人民谋利益，而不能用来为自己或小集团谋私利。吴仪指出，郑筱萸案件暴露出了政府部门的许多问题，政府部门要制定法律法规和标准，加强监管，要使企业真正成为食品药品安全的第一责任人，将生产经营伪劣食品药品的企业列入“黑名单”，向社会公布；对屡禁不止的这类企业，要依法逐出市场；对守法经营的企业要列入“红名单”，给予各种便利。这些事件显示，中国“政府人”推动可持续发展的动机在不断加强，对企业可持续创新的推动力度在不断加大。

4.4.3 “市场人”对企业可持续创新的推动

4.4.3.1 “市场人”的含义

企业的生产目的不是使用价值和享受，而是交换价值和交换价值的增值，[190]这种交换价值及交换价值的增值是通过市场来实现的。基于不同的视角，对市场的理解也是不一样的。一般来说，市场（Market）是指由买者和卖者相互作用并共同决定商品或劳务的价格和交易数量的机制。市场经济通过价格和市场体系对个人和企业的种种经济活动进行协调。在市场均衡的情况下，生产什么商品和劳务取决于消费者的货币选票，如何生产取决于不同生产者之间的竞争，为谁生产（谁在消费，消费多少）主要取决于生产要素市场的供给与需求。消费者和技术是市场的双重君主，经济资源与可供利用的科学技术一起限定了消费者花钱消费的对象。[191]市场在营销人看来就是顾客。[192]市场的主体与核心是消费者，消费者决定着企业的生存与发展，企业的营销管理在本质上也是消费者的需求管理。① 在波特看来，客户的议价实力、供应商的议价力量、新进入者的威胁、替代性产品的威胁以及竞争的激烈程度这五种力量决定了产业的长期获利性。这五种力量也是企业面临的市场环境。[193]汤姆·彼德斯认为，市场不相信眼泪，如同动物世界的残酷厮杀，弱肉强食；市场就是"抢"钱的搏斗，不是游戏，而是你死我活；市场是斗兽场，胜利者如斯巴达克斯，失败者如锅里冒着气的肉。[194]

这些对市场的不同认识表明，基于不同的视角，或为了分析不同的问题，对市场的定义并不一样，但文献中提到的买者和卖者、消费者、顾客、客户、供应商、新进入者、替代性产品的提供者，都是对人而言。也就是说，市场的主体是人，正是这些"市场人"的不同动机，对企业可持续创新产生不同的推动作用。

4.4.3.2 "市场人"的重要性

市场是企业存在的基础，是企业的生存环境。对一个具体的企业来说，企业面对的市场就是消费者、供应商、现有竞争者、潜在进入者、替代品提供者这样一些具体的"市场人"。政府、社会对企业的作用通常也是通过这种市场的作用来实现的。

4.4.3.3 "市场人"的作用形式

"市场人"通常是以其"货币选票"为主要形式对企业产生作用。当前，任何一个企业都是在全球经济一体化的背景下，寻找机会，参与竞争。消费者对产品及服务的环境保护、社会公平要求越来越高。市场调查表明，顾客们将诚实、公平、诚信作为理想公司的主要特征。② 顾客想要的是低价格与公平的货币价值。他们想与那些可靠、公平、尊重个人及商品信息的公司做生意。他们寻找那些产品与服务都能满足质量要求的供应商。多数的顾客想知道关于他们所买商品的健康、安全及环境风险。在世界上的某些地方，他们更喜欢那些与某种社会及环境标准相连的产品。[195]顾客的忠诚主要依赖于公司如何对待顾客，以及顾客付钱购买商品及服务所换来的质量。③

"市场人"对企业的作用，也会对政府与社会力量产生影响，而政府、社会又会对企业可持续创新产生影响。

4.4.3.4 "市场人"的构成及其动机分析

对一个具体的企业来说，企业面对的市场就是消费者、供应商、现有竞争

---

① 郑晓明．载德尔·I．霍金斯，罗格·J．贝斯特，肯尼思·A．科尼．消费者行为学（原书第8版）［M］．符国群等译．北京：机械工业出版社，2003：序．

② Sue Adkins．载林恩·夏普·佩因．公司道德：高绩效企业的基石［M］．杨涤等译．北京：机械工业出版社，2004：114．

③ Frederick F. Reichheld．载林恩·夏普·佩因，公司道德：高绩效企业的基石［M］．杨涤等译．北京：机械工业出版社，2004：113．

者、潜在进入者、替代品提供者这样一些“市场人”，他们对企业形成直接的压力，对企业可持续创新产生不同的作用。消费者追求个人效用的最大化，供应商追求自身利益的最大化，为达到这一目的，它会选择对自己有利的生产商。企业的竞争对手及替代品生产商，都有争夺与可持续发展相关的市场的动机。现有竞争对手意味着对市场的竞争。“市场人”可持续创新动机，源于“市场人”对自身利益的追求。

海尔在创业之初，因对环保认识不足、技术水平有限，在能耗、禁用物质等方面达不到相关国家的标准，产品出口多次受阻，企业蒙受较大经济损失。20世纪90年代中后期，海尔将环保理念融入其发展战略中，致力于研发领先的环保、节能、安全、智能化等高附加值产品。2002年海尔环保冰箱、海尔洗衣机率先达到了欧洲3A标准，2003年又开发了世界上第一台不用洗衣粉的洗衣机。海尔在保护环境、有效提升其环保形象的同时，凭借其环保产品优势，吸引了欧洲15家大型连锁店中的12家以及美国10家大型连锁店中的9家争相采购，并在海外建立了13家工厂，海外营业额达10亿美元，产品销往160个国家和地区。2002年，集团实现全球营业额711亿元人民币，是1984年创业时的2万倍。[196]

4.4.4 “企业人”对企业可持续创新的推动

4.4.4.1 “企业人”的含义

企业是产品与服务的提供者，企业通过市场实现其交换价值，企业的使命和任务是在政府和市场的监督下，在市场中得以实现的。

4.4.4.2 “企业人”的重要性

企业可持续创新赋予了企业更多的道德含义。“作为经济活动的服务和作为道德范畴的服务当然是有区别的。经济服务的目的是效益或利润，道德服务的目的是为他人提供便利或利益，但两者并不是相互排斥的。在服务中，经济与道德常常是不可分割的，是一件事情的两个方面。优质服务在创造经济效益的同时，也在展示一种道德精神，奉献服务美德的过程也就是创造经济效益的过程。”[197]

“企业人”的作用是巨大的。“目前主导世界经济的跨国企业家们正以从未有过的自由心态活跃在国际经济舞台上。来自不同文化圈的许多国家中的一部分重要的中坚力量，即那些经济活动家，开始用同一种语言、以同样的方式去思考问题。跨国企业家们在经济全球化的大背景下，在日益密切的经济活动中不断加强相互之间的联系，经济活动的一致性是促进不同文化融合的一个重要因素，或许甚至是决定性的推动力。政治体制最终已经没有能力单独操纵这些势力的走向。长期的目标应该是将社会和生态原则，引入那些会对世界经济产生决定性影响的跨国企业家们的经济活动中。”[198]

4.4.4.3 “企业人”的作用形式

“企业人”对企业可持续创新的推动作用表现在三个方面。首先，企业追求的目标是经济、环境和社会的整体效益，而不是其中的一项。虽然在一定的时期或特定的情况下会有所侧重，但总体上看，企业将整体效益摆在企业的第一位。其次，企业对发展道路及所采用的技术的选择符合可持续发展要求，即创新过程履行社会责任，选用绿色技术。最后，企业文化与企业制度建立在尊重人、尊重自然环境的基础之上。

必须看到，“企业人”对可持续创新的作用与企业的规模、所处的发展阶段有着密切的关系，因为“机会性质的变化改变着企业家面临的问题和必须完成的任务。在面临重大资本约束和不确定性时，新企业的创始人靠的只能是对无法预期的事件采取机会主义式的适应。随着企业的成长，企业会将更多的资源投入到不确定性较低的创新上，这时机会主义就让位给着眼于长远发展而进行预测和计划的系统性工作。新的任务要求品质和性能”。[199]企业创建初期，“企业家做出的选择似乎都是本位主义的和短视的。从某种程度上这要归因于企业家所面临的资本束缚，如果他们连掉到眼前的短期机会都抓不住的话，可能根本就谈不上什么未来了”。[200]

4.4.4.4 “企业人”的构成及其动机分析

股东们寻找更具竞争性的回报，同时，其中多数人也希望得到其他的东西，如透明、及时的信息，可靠的预见，公平的待遇与机会。[201] OECD 研究公司治理的顾问团在 1998 年发表的报告中认为，长期看来，对于合理的社会利益的关注和倡导符合各方的利益，其中也包括投资者。① 投资者远离那些经常做错事而且有伤害活动的公司。研究表明，错误的行为，特别是高级职员的错误行为猖獗，将直接损害投资者对公司的信心并且导致公司市场价值的丧失。[202]也就是说，投资者对企业的环境责任、社会责任也有要求，这种要求成为投资者推动企业可持续创新的动机。

企业理论指出，对于企业家而言，考虑公司的社会责任可能更有利。“‘纯经济人’是不存在的。商人、企业家从他诞生起就痛苦地追求一种社会价值。加尔文新教伦理的确立，是他们得到‘社会承认’（这里的社会主要是上帝）的理论依据。以后，在社会结构的变动中，企业家的经济、政治地位的不断提高满足了他们的社会需求。”他们办企业，就是为了建立自己的私人王国，追求对他人的支配权，取得自己的领导地位，表达自己的意志，获得社会的承认和赞誉。在他们面前，没有解决不了的困难，没有攻不破的难关。在他们看来，管理世界，

① 林恩·夏普·佩因．公司道德：高绩效企业的基石［M］．杨涤等译．北京：机械工业出版社，2004：116～118.

是他们的义务；只要想干，结果总会令人满意。企业家追求的是长期的、稳定的利润，而不是一时的暴发收入。[203]而且，诚信公司可以降低监管成本、合作成本、契约成本、政治成本、管理成本、信息成本。[204]这些因素说明，企业家也有可持续创新的动机。

对普通雇员而言，他们想得到良好的、多方面的回报。他们希望报酬至少要有竞争力，不低于市场上的工资、收益、分红及股票的水平。他们也想要自己需要的资源来做自己的工作以及如何做好。尽管雇员想得到尊重，获得公平待遇及得到承认的贡献，但他们更愿意那些值得依赖的同事们能够信守诺言。而且雇员希望了解目前工作的风险，他们希望公司能考虑到他们的健康、安全及各种福利，也希望得到学习、升迁及个人成长的机会。多数的雇员想用他们的才能来做出不同凡响的贡献，并且能够成为值得自豪的公司的一员。多数人还需要与家人在一起的时间及工作之余的生活。对于多数普通雇员来讲，得到尊重与认可是产生正效动力的源泉。当人们受到公平对待时，他们会更加卖力地去工作。诚信公司的伦理责任促成了员工对公司更大的忠诚和创造力 。[205]普通雇员的这些需要，成为普通雇员可持续创新的动机。

美国钢铁公司和国际收割机公司董事伯金斯早在 1908 年就提出：公司越是大型化，则它对全社会的责任越重。美国科罗拉多燃烧与钢铁公司曾公开宣布，企业的目的就是解决社会问题。[206]洛克菲勒认为，随着时代的发展，公司不能再一味地抱守私人利益，以使某些个人得以积聚财富而不顾那些参与财富形成过程的人的社会福利、健康与快乐；相反，应将公司产业作为社会服务的一种形式。[207]中国台湾地区企业家王永庆认为，一个能够称得上企业家的人，必须对社会负起应该负的责任，而不是专心于为个人或为企业图谋利益。[208]日本企业家松下幸之助在其著作中写道：买卖或生产的目的，并不在于使商店或制造者繁荣。借着工作和活动使社会富足，这才是真正的目的，商店、工厂的繁荣永远应该排在第二位。[209]

在伊利集团的经营理念中，采取任何经营活动，首先要考虑的就是是否符合社会和公众的利益以及能否在行业中起到好的示范作用。1993～2005 年，伊利集团累计上缴税金近 40 亿元，在全国同行业内居于首位。2003 年，伊利率先为防治“非典”捐款 800 万元，2004 年又为东南亚海啸地震灾区捐款 50 万元。多年来，伊利集团连续不断地捐资助学、扶贫赈灾、扶危济困，先后帮助下岗职工创业、开办“伊利宏志班”、与团中央合作启动梦想基金、为贫困农牧民捐赠生产物资、为养牛户免费提供科技培训和卫生防疫。截至目前，伊利集团已累计为公益事业捐款 3 亿多元，是内蒙古为公益事业捐款数额最高、捐赠次数最多的企业。自组建以来，伊利创造了几十万个就业岗位，带动了周边地区相关产业的发展，引领着数百万计农牧民走上了致富之路。2005 年，呼和浩特市顺利摘取了"中国乳都"的桂冠，伊利集团无疑是"中国乳都"的奠基者和缔造者。内蒙古自治区授予伊利"爱心企业"奖，2005 年伊利获得"最佳企业公民"荣誉称号。温家宝总理在内蒙古视察工作时，对伊利集团"消费者安全与健康大于物质财富；为消费者提供安全、健康、喝得起的产品"的发展理念给予了很高的评价。伊利坚信，如果一个企业把对社会的回报视为自己的使命和责任，那么它的竞争策略一定是积极、良性并高瞻远瞩的，并能够为行业营造健康发展的风尚，为社会创造持续效益。[210]

必须指出的是，在激烈而残酷的市场竞争环境下，对一个具体的企业来说，其内部人员的动机及企业具体运作过程是异常复杂的，企业的经济、环境和社会利益之间面临尖锐的冲突，即使是非常优秀的企业，其可持续创新也不是一帆风顺的。

4.4.5 各要素间的关系与评价指标体系

4.4.5.1 各要素间的关系

从以上分析可以看出，在追求可持续发展这一动机支配下，共同推动企业可持续创新。这四个动力要素不仅独立发挥作用，而且相互作用、相互依赖，并且产生组合效应，从而形成企业可持续创新动力系统。

4.4.5.2 评价指标体系

以上对企业可持续创新的分析为动力的定量评价提供了依据。影响企业可持续创新动力的因素是多方面、多层次的，根据这些要素的相互关系、相互作用，可以建立一个评价企业可持续创新动力的指标体系。见表 4.1。

4.4.6 定量评价

4.4.6.1 为什么选用模糊评价方法

从目前对企业可持续创新动力、机遇、能力的研究来看，并没有一个公认的定量分析模型，也没有一个公认的、系统的统计指标体系和相关统计数据，尚未见到关于企业可持续创新动力、机遇、能力综合效应的定量评价研究。本书中企业可持续创新动力、机遇和能力的一些指标是首次提出，一些指标主观性很强，而且这些指标之间关系异常复杂，难以进行精确量化。系统理论指出，一些不易量化或目前尚不可量化的重要的变量，都应给予定义，把它们进行粗略估计后作为重要变量融入系统的模型中去。因此，本书选用模糊评价方法对企业可持续创新动力、机遇和能力及其综合效应进行评价，以便深入揭示企业可持续创新动力、机遇和能力相互作用的一些基本特征。由于企业可持续创新动力、机遇、能力处于不断变化之中，这里的模糊评价只能是在某一个时间点对某一个过程进行评价，并不完全反映全过程的微观状况。显然，通过一定的方法进行多次评价，可以得到关于过程的更多的规律性的认识，这项工作留待以后进行。

表 4.1 企业可持续创新动力评价指标体系

一级指标	二级指标	三级指标
企业可持续创新动力	“政府人”可持续创新动力	利他主义者和志愿惩罚者可持续创新动力
		条件合作者可持续创新动力
		理性利己主义者可持续创新动力
	“社会人”可持续创新动力	非政府组织可持续创新动力
		媒体与学术机构可持续创新动力
		普通大众可持续创新动力
	“市场人”可持续创新动力	消费者可持续创新动力
		供应商可持续创新动力
		现有竞争者可持续创新动力
		潜在进入者可持续创新动力
		替代品生产者可持续创新动力
	“企业人”可持续创新动力	投资者可持续创新动力
		管理者可持续创新动力
		普通雇员可持续创新动力

模糊评价法是利用模糊集理论进行评价的一种方法。模糊综合评价的三大要素是评价对象的评语、评价的指标体系和评价人。评语是采用具有模糊概念的一组外延不清或程度不同的词，如很强、强、一般、弱、很弱等，构成一个评语的模糊集合，即 $V=\{v_i\}$，$i=1, 2, \cdots, n$。评价指标体系必须具有模糊性，每个指标体系也构成一个模糊集，即 $U=\{u_i\}$，$i=1, 2, \cdots, n$。评价人员十分重要，评价人必须通过材料、访问熟悉对象，根据事实做出主观判定，并且评价人员是这方面的专家，评价人数不能低于 7 人。

4.4.6.2 评价过程

影响动力、机遇和能力的因素很多，很难合理地定出权数分配，难以真实地反映各因素在整体中的地位，所以本书采取多级评判，并且评价人既包括企业内部专家，也包括企业外部专家。即先对动力、机遇和能力分别进行评价，然后再对动力、机遇和能力的综合效应进行评价。对动力、机遇和能力的评价也采用多级评判，以增加评判的准确性。考虑到企业内部专家对微观评价指标的评价更为准确，同时，企业内部专家也存在认识上的局限性，所以对动力、机遇、能力最底层指标的评价由企业内部专家完成，底层以上指标中的各因素的权重则通过德尔菲法由企业内部和企业外部专家意见确定。

对评价集和评价尺度的选择，采用了评价集 V = {很强，强，一般，弱，很弱}，评价级尺度 h = （9/很强　7/强　5/一般　3/弱　1/很弱）。

严格地说，对企业可持续创新动力、机遇和能力的评价，从不同视角看应该是有区别的。就该企业在市场中的表现，即相对于其他企业而言，对动力、机遇、能力会有一个主观评价；从该要素对该企业总效益的贡献而言，也会有一个主观评价；从这三者的相对重要性来看，也会有一个主观评价。显然，后两个视角的评价基本上是一致的。这其中的原因主要有两个：主观评价本身具有模糊性，对一个具体的企业而言，对企业的动力、机遇、能力的认识通常存在着一致性；另一方面，动力、机遇、能力某一方面的表现较好，往往是该企业的独有优势，而企业的这种独有优势往往又是企业效益的主要源泉，这一要素相对于其他要素而言往往也具有更重要的地位，即后两个视角的评价存在着内在的一致性。而就人的思维本身而言，对其中的细微区别是很难准确区分的，因此，在本书对企业可持续创新实现机理初步的分析中，暂对这两种情况下的评价不作严格区分，而视为一致。由于本书主要是个案研究，是对一个具体的企业而言，对于多个企业比较的问题，留待以后再作进一步的分析。

因此，对某要素的主观评价为“一般”时，主要有两个方面的意义：一是相对于该企业的总效益来说，该要素对总效益既没有贡献，又没有带来损失；二是相对于其他要素而言，该要素没有对其他要素的作用产生增强或削弱作用。

对各因素权重的确定，是运用德尔菲法由专家完成的。具体步骤如下：

（1）根据本书研究内容，选定 n 位专家组成专家小组。

（2）向所有专家发出第一份初始调查表并附上相关背景材料和有关要求，同时请专家提出还需要什么材料，由专家做书面答复。

（3）各个专家根据他们所收到的材料，提出自己的意见，并说明理由。

（4）将各位专家第一次判断意见汇总，列成图表，再分发给各位专家，让专家比较自己同他人的不同意见，修改自己的意见和判断。

（5）将所有专家的第二次意见收集起来，汇总，再次分发给各位专家，以便做第二次修改。这一过程重复进行，直到每一个专家不再改变自己的意见为止。

（6）对专家的意见进行综合处理。由于专家最后的意见也不一定能够都达到统一，经过几轮调查后，取其平均数作为最后结果。

下面以企业可持续创新动力评价为例。先用德尔菲法求各指标权重。第一轮调查表如表 4.2 所示。

表 4.2 第一轮专家意见调查表

上一级指标	指标	权重	主要理由
企业可持续创新动力	“政府人”可持续创新动力		
	“社会人”可持续创新动力		
	“市场人”可持续创新动力		
	“企业人”可持续创新动力		
“政府人”可持续创新动力	利他主义者和志愿惩罚者可持续创新动力		
	条件合作者可持续创新动力		
	理性利己主义者可持续创新动力		
“社会人”可持续创新动力	非政府组织可持续创新动力		
	媒体与学术机构可持续创新动力		
	普通大众可持续创新动力		
“市场人”可持续创新动力	消费者可持续创新动力		
	供应商可持续创新动力		
	现有竞争者可持续创新动力		
	潜在进入者可持续创新动力		
	替代品生产者可持续创新动力		
“企业人”可持续创新动力	投资者可持续创新动力		
	管理者可持续创新动力		
	普通雇员可持续创新动力		

将各专家回复收齐后，整理成第二轮调查表（表 4.3），再发给各专家进行第二轮调查。

表 4.3 第二轮专家意见调查表

上一级指标	指标	本人第二轮意见	专家 1	专家 2	……	专家 n	主要理由汇总
		权重	权重	权重	……	权重	
企业可持续创新动力	“政府人”可持续创新动力						
	“社会人”可持续创新动力						
	“市场人”可持续创新动力						

续表

上一级指标	指标	本人第二轮意见	专家1	专家2	……	专家n	主要理由汇总
		权重	权重	权重	……	权重	
企业可持续创新动力	“企业人”可持续创新动力						
“政府人”可持续创新动力	利他主义者和志愿惩罚者可持续创新动力						
	条件合作者可持续创新动力						
	理性利己主义者可持续创新动力						
“社会人”可持续创新动力	非政府组织可持续创新动力						
	媒体与学术机构可持续创新动力						
	普通大众可持续创新动力						
“市场人”可持续创新动力	消费者可持续创新动力						
	供应商可持续创新动力						
	现有竞争者可持续创新动力						
	潜在进入者可持续创新动力						
	替代品生产者可持续创新动力						
“企业人”可持续创新动力	投资者可持续创新动力						
	管理者可持续创新动力						
	普通雇员可持续创新动力						

经过几轮调查后得到确定的专家意见，如表4.4所示。

表4.4 最后的专家意见调查表

上一级指标	指标	专家1	专家2	……	专家n	平均数
		权重	权重	……	权重	
企业可持续创新动力	“政府人”可持续创新动力					
	“社会人”可持续创新动力					
	“市场人”可持续创新动力					
	“企业人”可持续创新动力					
“政府人”可持续创新动力	利他主义者和志愿惩罚者可持续创新动力					
	条件合作者可持续创新动力					
	理性利己主义者可持续创新动力					
“社会人”可持续创新动力	非政府组织可持续创新动力					
	媒体与学术机构可持续创新动力					
	普通大众可持续创新动力					
“市场人”可持续创新动力	消费者可持续创新动力					
	供应商可持续创新动力					
	现有竞争者可持续创新动力					
	潜在进入者可持续创新动力					
	替代品生产者可持续创新动力					

续表

上一级指标	指标	专家1	专家2	……	专家n	平均数
		权重	权重	……	权重	
"企业人"可持续创新动力	投资者可持续创新动力					
	管理者可持续创新动力					
	普通雇员可持续创新动力					

求出各权重的平均值，作为下一步模糊评价的依据。

然后先对"政府人"动力、"社会人"动力、"市场人"动力、"企业人"动力分别进行综合评判，将其结果看成是一个单因素评判。再将"政府人"动力、"社会人"动力、"市场人"动力、"企业人"动力看成四个因素，由德尔菲法得出各因素的权重，进行第二级综合评判。根据前面的分析，对"政府人"动力而言，评判因素集 U = {利他主义者和志愿惩罚者动力，条件合作者动力，理性利己主义者动力}，评价集 V = {很强，强，一般，弱，很弱}。隶属度函数通过专家调查评定。假定有 r 名专家参加评定。当 r 个评价人全部填好后整理成表 4.5。

表 4.5

指标 \ 评价人认为 \ 评语	很强	强	一般	弱	很弱.
利他主义者与志愿惩罚者可持续创新动力	r_{11}	r_{12}	r_{13}	r_{14}	r_{15}
条件合作者可持续创新动力	r_{21}	r_{22}	r_{23}	r_{24}	r_{25}
理性利己主义者可持续创新动力	r_{31}	r_{32}	r_{33}	r_{34}	r_{35}

令 $a_{11}=\frac{r_{ij}}{r}$，则得到隶属函数（表 4.6）。

表4.6

指标 \ 评价人认为 \ 评语	很强	强	一般	弱	很弱
利他主义者与志愿惩罚者可持续创新动力	a_{11}	a_{12}	a_{13}	a_{14}	a_{15}
条件合作者可持续创新动力	a_{21}	a_{22}	a_{23}	a_{24}	a_{25}
理性利己主义者可持续创新动力	a_{31}	a_{32}	a_{33}	a_{34}	a_{35}

由表4.6可得模糊矩阵：

$$R = \begin{bmatrix} a_{11} & a_{12} & a_{13} & a_{14} & a_{15} \\ a_{21} & a_{22} & a_{23} & a_{24} & a_{25} \\ a_{31} & a_{32} & a_{33} & a_{34} & a_{35} \end{bmatrix}$$

根据德尔菲法，得到专家给出的三因素的权重 $w = (w_1\ w_2\ w_3)$

根据模糊乘积的定义，$G = w \cdot R$，

$g_{ij} = \bigcup_k (w_{ik} \cap R_{kj})$

于是政府动力的综合评判值 $G = (g_1\ g_2\ g_3\ g_4\ g_5)$。

同理，可求出“社会人”动力 S、“市场人”动力 M、“企业人”动力 E。

$S = (s_1\ s_2\ s_3\ s_4\ s_5)$

$M = (m_1\ m_2\ m_3\ m_4\ m_5)$

$E = (e_1\ e_2\ e_3\ e_4\ e_5)$

在此基础上，可以看到“政府人”、“社会人”、“市场人”、“企业人”动力的基本情况。在此基础上进行二次模糊评价，计算出企业可持续创新动力的评价值。

根据德尔菲法，得到专家给出的四因素的权重 $f = (f_1\ f_2\ f_3\ f_4)$

于是企业可持续创新动力的综合评判为：

$D = f \cdot Z = \bigcup_k (f_{ik} \cap R_{kj}) = (d_1\ d_2\ d_3\ d_4\ d_5)$

根据评价级尺度 h =（9/很强 7/强 5/一般 3/弱 1/很弱），则可将综合评价模糊值转换为一个确定的标量值：

$$D_{动力} = h \cdot D^T = (9\ 7\ 5\ 3\ 1) \begin{pmatrix} d_1 \\ d_2 \\ d_3 \\ d_4 \\ d_5 \end{pmatrix}$$

本书对企业可持续创新机遇、企业可持续创新能力及企业可持续创新动力、能力、机遇产生的综合效应的定量评价，也采用了这种计算方法。

4.5 本章小结

企业可持续创新是人的行为，动机是人的行为的原因，企业可持续创新动力是人的动机作用的结果。企业可持续创新动力不仅仅限于企业内部，还有来自“政府人”、“社会人”、“市场人”的推动作用，他们从不同的层面推动和阻碍着企业可持续创新行为的发生。创新是具有高收益、高风险特点的活动，企业可持续创新的创新效益具有强的外溢性，需要更为持久、更为强大的动力支持才能成功，需要“政府人”、“社会人”、“市场人”和“企业人”的共同作用才能得以实现。

人的行为受动机支配，无论是“政府人”、“社会人”、“市场人”和“企业人”，都有其物质需要和精神需要，只是各自需要的内容和表现形式不同而已。所以，只有深入了解人的动机，才能更好地激励人。然而，不论在哪一个群体中，人与人的动机是有区别的，并且各人在不同的时期、不同的条件下表现出不同的动机。认识到这一点，激励的对象才更为明确。只有激励的对象明确了，才能选择正确的激励工具和手段，才能保证企业可持续创新具备足够的动力。

5 企业可持续创新机遇

创新的实现总是与外部机遇有着密切的关系。企业可持续创新机遇是企业可持续创新的必要条件之一。

5.1 创新机遇研究文献述评

机遇（Opportunity）是有利于社会主体实现目标的形势。[211]机遇是存在的。马歇尔认为，“不论是哪个时代，都潜在着一些不为世人所知的领域及更有发展前途的事业。有能力的发起人寻找到具有这种发展前途的事业，便去动员资本家集聚所需的资本，并亲自推进其向前发展，结果这一事业会比其他任何都更快地取得成功……”[212]汤姆·彼德斯认为，我们周围必然存在机遇。如果没有，别人又是如何成功的呢？既然他们可以成功，那就说明存在机遇，问题是动作缓慢，就不能迅速捕捉到机遇。[213]

机遇有自己的特性。黄津孚教授认为，机遇具有目标对应性、超常增益性、非均衡性、不稳定性或易消失性、伴随风险性等基本特性。[214]汤姆·彼德斯认为，机遇很“圆滑”，机遇并不给人以太清晰的外观，常在不引人注意的地方；机遇可重复的次数有限；机遇的时效极强；机遇惧怕懦弱，机遇像一个美貌的新娘，它需要呵护、需要依赖、需要被占有，它惧怕懦弱、惧怕犹豫、惧怕不负责任。[215]向刚教授认为，企业持续创新机遇具有时空分布的持续性和全面性以及层次性。企业持续创新实践过程中，战略性机遇次数不多，但至关重要，抓住与否决定企业持续创新的成败。[216]

机遇的发现与把握需要主观努力。在熊彼特看来，企业家具有某种“精细”，“能抓住眼前的机会”，从而使企业家与其他“经济上的领导”区别开来。[217]德鲁克认为，“商业的目的只有一个：创造顾客。市场既不是上帝创造的，也不是自然或经济力量创造的，市场是商人创造出来的”。[218]他强调，企业家绝不被动地等待机遇，而是对变化进行有目的、有组织地寻找机遇，系统地分析机遇，进而系统地创新。德鲁克系统地总结了企业家捕捉创新机遇的七个主要途径：从意外变化中捕捉机遇；从实际和设想的不一致中捕捉机遇；从过程的需要中捕捉机遇；从行业和市场结构的变化中捕捉机遇；从人口状况的变化中捕捉机遇；从观念和认识的变化中捕捉机遇；从新知识、新技术中捕捉机遇。[219]黄津孚教授指出，发现机遇的基本方法是通过目标、资源和能力的组合分析与重点参数的趋势分析，发现机遇就是寻找目标、资源和能力的优化组合方案，机遇不光顾无准备的人。[220]张维迎教授认为，任何机会，在未被发现之前都只是潜在的。对于潜在的机会，单凭常规性的思维是很容易熟视无睹的，企业家的职能，就是要善于捕捉机会。所谓发现机会，就是寻找市场中潜在的不均衡，市场的不均衡表现为供给和需求的不均衡、投入和产出的不均衡、买者和卖者的不均衡。从市场作为一个连续的过程来看，企业家不仅在发现不均衡，而且同时在创造不均衡。更准确地说，企业家的活动是在用新的不均衡代替旧的不均衡。[221]

这些文献从不同的角度揭示企业创新机遇的重要特征。这些研究表明，机遇对企业创新来说是异常重要，机遇是普遍存在的，机遇来自社会经济生活中存在的不平衡，机遇是动态的、变化的；机遇具有多样性、复杂性、层次性；机遇的发现与利用需要发挥人的主观能动性；企业家的重要职能之一就是善于发现机遇、创造机遇、利用机遇。这些研究成果是分析企业可持续创新实现机遇的重要理论基础。

5.2 企业可持续创新机遇的定义与基本特性

根据以上分析，本书将企业可持续创新机遇定义为：企业外部有利于企业可持续创新实现的各种条件。企业可持续创新机遇除了具有一般意义的创新机遇的特征外，还具有更强的综合性、相关性和可持续特性。

首先，企业可持续创新机遇的来源更加复杂多样。自然资源的充足的供给是现代企业可持续创新的重要机遇。与此同时，政府新的环境标准和政策，也可以成为企业可持续创新机遇，这是因为，“经理人必须开始认识到，改善环境是经济的、也是竞争的机会，而非令人厌恶的成本或一种无可避免的威胁……提早行动的企业会看到这些机会，并拥抱以创新为基础的方案，它们会获得最主要的竞争利益，正如德国和日本汽车厂商的情形”。科学技术的发展，也是企业可持续创新的重要机遇。环境标准的实现，往往需要先进的科学技术手段才能实现，“环保法规不可能为所有企业带来创新和竞争力，或更高的生产力；只有那些能成功创新的企业才是赢家。真正具有竞争力的产业，会愿意接受新的标准，将它视为挑战，并以创新来回应。反过来说，缺乏竞争力的产业决不会面对创新，因此也抗拒不了对法律的诱惑”。[222] 国际社会对可持续发展认识的提高以及相关政策，也给企业可持续创新的实现带来机遇。在 WTO 新一轮多边贸易谈判中，我们可以充分利用 WTO 对发展中成员的特殊和差别待遇条款，争取到更多的资金，为我国企业和产品的升级换代及环境保护提供支持。截至 2002 年，中国从世界银行、亚洲开发银行累计获得承诺贷款 450 多亿美元，主要用于基础设施和环境建设项目。[223]

其次，企业可持续创新机遇与人的需要及企业所具备的能力相对应。机遇通常是与特定的目标和特定的能力相对应的。有什么样的目标和什么样的能力，就有什么样的机遇。企业可持续创新机遇只有与企业可持续创新动力、能力共同作用，才能实现经济、环境和社会的整体效益。

最后，企业可持续创新是指符合可持续发展要求的创新，对机遇的要求更高，具有更强的可持续特性。根据前文的分析，企业可持续创新机遇可以从自然资源、科学技术、政治经济制度、社会文化和市场需求几个方面进行分析。

5.3 企业可持续创新机遇分析

5.3.1 自然资源机遇

5.3.1.1 自然资源的含义

自然资源是人类生存和发展的基础。人类的生存和发展需要一定的气候条件和物质资源，这些条件统称为自然资源。人类的发展史告诉我们，优越的自然资源条件对人类的生存和发展有着重要意义。人类之所以提出可持续发展理念，正是由于自然资源条件已经对当前人类的生存构成了严重威胁，而这种威胁也正是来自人类自身对自然平衡的破坏。虽然人类对自然的认识在不断深入，但总的来看，人类对自然的认识仍然十分有限。维护自然环境的平衡是人类生存的基础，已逐步形成共识。

所谓资源，是由人而不是由自然来界定的。任何成分在被归为资源以前，必须满足两个前提：首先，必须获得和利用它的知识和技术技能；其次，必须对所产生的物质或服务有某种需求。如果这些条件中任何一个不能满足，那么自然物质仍然只是“中性材料”。① 因此，正是人类的能力和需要，而不仅仅是自然的

① 朱迪·丽丝．自然资源：分配经济学与政策［M］．蔡运龙等译．北京：商务印书馆，2002：12.

存在，创造了资源的价值。在对资源的认识上，一直存在不同的观点。一种观点认为，严重的、破坏性的关键原料短缺将要发生。另一种观点认为，自然资源稀缺是不存在的，这是因为，第一，自然资源是人类心智的产物，他们的极限不是有形的，而是被人类需要、制度想象力和创造性等所决定的。第二，技术变迁的进程已牢固地确立，几乎没有迹象表明创新活动的速度会放慢，以至有必要去重新限定那些以资源为基础、对保持垄断资本的增长至关重要的要素。第三，最重要的是，发达国家的经济体制都与生俱来地存在某种适应机制，能弥补维持增长进程和资本积累所必需的某种特定资源产品的短缺。[224]不论对资源的认识如何，自然资源对人类社会和企业的重要性，是有目共睹的，而且，国家之间、企业之间、人与人之间对自然资源的争夺从来就没有停止过。

5.3.1.2 自然资源的作用形式

自然资源为企业可持续创新提供物质和能量，国家、企业由于需要和能力的不同，使得特定的自然资源条件对不同的国家、不同的企业发挥不同的作用。自然资源条件也在不断地变化，自然资源条件的变化可能给企业带来灾难，也可能给企业的发展带来机遇。能够获取自然资源并有效发挥自然资源的作用时，自然资源就成为机遇。不同的自然资源对企业的作用强度也不一样。对于一个寻求可持续创新的企业，自然资源条件的改善，可以为企业的可持续创新带来更多的机遇。

中石油、中石化都是履行经济、环境、社会责任的大型国有企业，中石油在中国渤海湾的冀东发现大油田，中石化在四川东北地区发现了特大型整装海相气田、在新疆地区发现原油地质储量1.4亿～2亿吨的新油田，都为这些企业可持续创新带来了机遇。

按自然资源的特征可以将自然资源进行分类：①

表5.1 自然资源分类表

耗竭性资源	可更新资源（土地资源、森林资源、作物资源、牧场和饲料资源、野生及家养动物资源、水产渔业资源、遗传资源）
	不可更新资源（能重复利用的资源、不能重复利用的资源）
非耗竭性资源	恒定性资源（太阳能、潮汐能、原子能、风能、降水）
	易误用及污染的资源（大气、水能、江河湖海中的水资源、广义的自然风光）

① 封志明．载郎一环主编．全球资源态势与中国对策（第2版）［M］．武汉：湖北科学技术出版社，2000：12.

5.3.2 科学技术机遇

5.3.2.1 科学技术的含义

科学技术的发展大大改变了人类的生产方式和消费方式。自从索洛发现技术进步在经济增长中的重大贡献以来，技术创新在经济增长中的作用受到了普遍的重视。到了现在，科学技术的作用更为明显，“它成了人类生存的基本条件，并在不断地改变人类的生存方式。技术和知识已逐渐替代资本成为经济增长的主导因素”。[225]科学技术产生以后，有了其自身相对独立的发展规律。科学技术的发展一方面改善了人的生活，另一方面也给人的生活带来了许多的负面影响，给自然界的平衡造成了巨大的破坏。也就是说，科学技术存在一个怎么用的问题，“任何技术，都有一个谁占有、谁使用和用来干什么的问题。而这恰恰是一个历史观、价值观的问题”。把科学技术看作是“双刃剑”，既是造福者又是为祸者，具有两面性，其根源在于人类分化为利益不同、甚至根本对立的集团或阶级。这是“见物不见人”，必然导致两种认识，或者是看不到环境生态背后的利益冲突，求救于宗教似的环境伦理；或者是把科学技术当作救星，使科学技术成为宗教、鸦片，把贫穷归因于不懂得、没有掌握科学技术。在资本主义市场制度下，“科学技术、贫富分化、生态恶化之间不是因果关系，它们都从属于资本获取利润的需要”。[226]历史已经证明，资本主义市场制度下，科学技术对社会和环境的不利影响是很难彻底消除的。

因此，可持续发展意味着需要一种新的科学技术发展范式。所谓范式（Paradigm）是指一个科学共同体的全体成员所共有的东西，如共同的信念、共同的价值标准、共同的理论框架和研究方法，公认的科学成就和范例等。反过来说，科学共同体也正是这些具有共同范式的科学家组成的群体。[227]科学技术发展范式向符合可持续发展要求转变，这样的科学技术就成为企业可持续创新的机遇。爱因斯坦在对加州理工学院学生的讲话中指出：“如果你们想使你们一生的工作有益于人类，那么你们只懂得应用科学本身是不够的，关心人的本身应当始终成为一切技术上奋斗的主要目标，关心怎么样组织人的劳动和产品分配这样一些尚未解决的重大问题，用以保证我们科学思想的成果会造福于人类，而不致成为祸害”。[228]

为了克服科学技术的负面效应，发挥科学技术的积极作用，一些国家从20世纪中叶起，开展了STS（科学、技术与社会）研究。1972年，美国国会通过了技术评估法，并设立了专门机构开始了技术评估（Technology Assessment，TA）的制度化。随后，欧洲的许多国家和日本相继设立了类似机构，中国在1997年也成立了国家科技评估中心。这些预警性的技术评估旨在更好地利用科学技术，防止其对人类、社会和环境可能产生的消极影响，使政府决策不仅考虑近期利益，而且考虑长远利益。[229]

科学技术的发展为人类获取福利提供了机遇，但科学技术并不是万能的。虽然科学技术对人类社会和自然环境产生了巨大的影响，但从根本上说，科学技术是一个历史范畴，它是人类谋取福利的工具，而不是控制人、掠夺人的工具。

5.3.2.2 科学技术的作用形式

科学技术作用于社会的一般程序是，科学技术先作用于生产过程，改变人们的生产方式和生活方式，满足社会的经济需求，继而调整社会行为，改革或变革政治制度，再影响社会的思想体系和价值观念，并和传统文化相互整合，最终导致社会的整体变迁。然而，科学技术活动及其成果一旦被国家的经济基础和上层建筑认同和接受，也可能循着相反的程序发生。[230]

科学技术对企业可持续创新的作用，主要取决于符合可持续发展要求的科学技术的发展水平。科学技术的发展水平可以从科学研究水平和技术发展水平进行考察。

云南铜业股份有限公司最初是云南省东川矿务局采选工程配套的冶炼厂。由于东川所产铜精矿含硫低，钙镁氧化物的含量很高，建厂时采用了很适合这种原料性质的矿热电炉熔炼工艺。20 世纪 80 年代以后，东川铜矿可供利用的铜矿资源日渐枯竭，同时，公司原料来源渠道增多。由于原料性质发生了很大变化，现有生产工艺原料利用率低，污染严重，而且与国内外炼铜技术先进水平的差距拉大，不能适应企业发展和社会进步的要求。1997 年，公司引进环保性能好的艾萨铜熔池熔炼技术，并在此技术基础上，不断进行技术创新，经济、环境、社会效益明显。这项技术引进，被认为是世界范围内顶吹熔炼流程最成功的建设改造典范，为公司的后续发展奠定了坚实的基础。[231]艾萨铜熔池熔炼技术为云南铜业股份有限公司可持续创新提供了良好的机遇。

5.3.3 政治经济制度机遇

5.3.3.1 制度的含义

英国哲学家和政治思想家霍布斯（Thomas Hobbes）指出，一个社会如果没有政治权威，就会陷入所有人反对所有人的战争之中。那是一种孤立的、贫穷的、野蛮的、丑恶的、短缺的自然状态（Astate of Nature）。正是为了避免这种无政府的竞争状态，人们需要有公共权力和政治权威。[232]政府是公共权力和政治权威的代表，这种权力和权威是通过制度的建立和执行实现的。对于制度含义通常有两种理解。一种理解倾向于把制度和组织区分开来，制度指约束人们社会、政治和经济行为的一系列规则，组织则被视为一个决策单位，由它来实施对于资源的控制。另一种对制度的理解倾向于包含组织的含义。[233]制度也被分为正式的制度和非正式的制度。正式的制度安排中规则的变动或修改，需要得到其行为受这一制度安排约束的一群（个）人的准许。非正式制度安排中规则的变动和修改纯粹由个人完成，它用不着也不可能由群体行动完成，如价值观、伦理规范、道德、习惯、意识形态等。[234]

企业可持续创新机遇是对企业外部条件而言，本书中的制度是指正式的、宏观的政治经济制度，主要包括国家政策和法律体系，而不包括相应的人或组织以及社会文化体系。“政治制度（Political Institution）是基于一定规则和程序之上规范个人和团体行为的长期稳定的安排，它体现为各种明确的带有强制性的规则和决策程序，具有正式和合法的特点，通常被视为国家机器的组成部分”。① 对市场经济中的企业而言，制度集中体现在竞争秩序的建立与维护上。“市场经济的竞争秩序是指在以市场机制为基本调节方式的经济体系中，市场行为主体在一定的竞争规则和政府政策的约束下，争取有限资源以达到一定目标的行为关系及其整体性表现。市场经济的活力和动力来源于竞争，竞争秩序是市场经济秩序的核心。竞争秩序随着现实条件的变化而变化，这是市场竞争秩序的民族性、本土性和动态性”。由于各国的经济发展程度不同，文化和价值观不同，政治制度和司法制度也不同，因此，不同的国家确定竞争政策的基本原则也可能有差别。[235]

制度是人类控制和调整自己的能力的重要体现。无论是计划体制还是市场体制，都不是人类的目的，而只是人类追求幸福采取的一种手段。迄今为止，人类并没有找到普适的、理想的制度模式，而是在不断地解决冲突中不断完善制度。有利于企业可持续创新的制度安排即成为企业可持续创新的机遇。制度处于不断创新中，制度创新分为诱致性制度创新和强制性制度创新。前者是依靠个人或群体在由原有制度安排下无法得到的获利机遇的引诱下自发倡导、组织并实行的；后者则由政府命令和法律引入或实现。[236]政府政策的发展其实是一种交易或权衡过程。第一，必须在所要满足的各种目标（常常是短期的经济、社会或政治紧急目标）之间加以权衡。第二，所偏向的首要目标在任何时候都取决于各种集团之间的权力平衡，而各集团有不同的经济利益，持不同的价值体系。[237]

5.3.3.2 制度的作用形式

制度经济学研究表明，制度创新会给企业创新带来重大影响。中国改革开放以来，对制度创新的讨论从来没有停止过。传统的中国被认为是一个高度政治化的社会，具体表现为三个方面：一是权力本位或官本位，二是政治经济文化结构高度合一；三是皇权主义与政治全能主义，[238]这导致中国政府行为缺乏透明度，

① Andrew Heywood. 载燕继荣．政治学十五讲［M］．北京：北京大学出版社，2004：187.

“政府行为缺乏透明度一直是中国经济体制中存在的一个突出问题，也是滋生经济秩序混乱现象的重要原因之一。由于政府行为具有不透明的很大的自由裁量权和变通空间，中国的一些企业就以更多的精力向政府“寻租”、寻求政府保护下的垄断以及人为制造市场分割和地区封锁等，甚至向政府官员行贿”。[239]由于对制度缺乏信任，企业不讲信誉就成为再正常不过的事情了，“当人们没有稳定的预期的时候，是不可能讲信誉的”。[240]而自由市场力量并不能满意地解决创新的国际化以及公共物品和可持续性这两个问题。[241]一般来说，这样的制度安排对企业可持续创新更为有利，“信息自由流动；分权化以及权威广泛分散于整个社会中；社会成员拥有经济自由和实际选择，包括就业选择、投资选择和消费选择；社会成员受教育程度高，并充分知悉上述选择的相关信息；社会成员希望公司在伦理框架下运作业务；社会拥有有效的法制和管制系统，以执行基本伦理标准”。[242]奥尔森提出了经济繁荣的两个基本条件，第一，私有产权必须牢靠、明确；第二，必须根除任何形式的掠夺。要达到这两条，奥尔森认为，这些条件在民主政体中比较有可能得到满足。奥尔森发现，在任何一个社会里，只要巧取豪夺比生产建设来得容易，掠夺活动就会使投资、分工、合作等创造活动萎缩，经济就不发达，社会就贫穷。反之，只要存在激励机制诱使企业和个人积极地进行生产创造，经济就繁荣，社会就富足。[243]

因此，制度对企业可持续创新的作用，就是通过为企业提供一种更为科学、自由、平等的制度环境来实现的。无论是政策还是法律，在设计、制定和执行过程中，对企业履行经济、社会和环境责任越有利，企业可持续创新的机遇就越多。这种作用，具体来说，就是不断完善中国特色的社会主义市场经济体制。“中国特色是指它的内生性，即它是从中国本土上长出来的，而绝不是模仿别国模式的结果；社会主义是指它的共生性，它强调要在以人为本的基础上，使所有人都得到全面发展进而实现共同富裕；市场经济是它的竞生性，它强调要在以人为本的基础上，使每个人的聪明才智都最大限度地发挥出来。如何把内生、共生和竞生三者有机地统一起来，克服资本主义的弊病，保证可持续发展的实现是中国面临的重大挑战。①

云南铜业股份有限公司利用政府优惠政策，取得了融资、税收优惠和直接的资金、技术支持。中央加强和改善宏观调控政策，云南省出台的《关于加快新型工业化进程的决定》和《云南省新型工业重点产业发展纲要》，云南省省政府提出的“倍增计划”，都为该公司的创新与发展提供了良好的机遇。公司利用改制上市募集的资金，完成了以艾萨熔炼技术为主体的技术改造，使公司的冶炼技术

---

① 李周．载滕藤，郑玉歆主编．可持续发展的理念、制度与政策［M］．北京：社会科学文献出版社，2004.

跃居世界先进水平。公司“高速轨道交通运输专用铜合金导线材料高技术产业化示范工程”、“高速电气化列车用含锡多元化铜合金开发”、“企业信息化建设”等项目共获国家、省、市扶持资金2480万元。①

5.3.4 社会文化机遇

5.3.4.1 社会文化的含义

社会文化是指正式的制度以外的价值观念和伦理体系，是一套相对稳定的社会评价体系和观念体系。社会文化是一种最深层次的力量，决定着人对自然资源、科学技术和政治经济制度的设计与执行，也对市场需求产生直接影响。“观念可以改变人，人可以改变世界”。[244]“文化的意义在于约束人的机会主义行为，降低社会交易成本”。[245]

从历史上看，社会文化一直处于调整变化之中，历史已经证明，“公众的意识确实能在历史的瞬间发生改变”。[246]制度的变革通常源于社会文化观念的转变。马克斯·韦伯在《新教伦理与资本主义精神》一书中指出：加尔文教伦理激发了一种与资本主义文明本质契合的进取精神，是资本主义发展的重要原因，同时也是企业家以及企业家的能力和热情得以产生的重要原因。新教伦理赦免了企业家的贪婪罪，为经商、致富绕上一圈神圣的灵光，消除了人们的精神障碍，激励人们勇敢地走上企业家的道路。新教伦理所肯定的自我克制、敬业守职、勤勉节俭、勇于进取的精神气质，则促进了资本的快速积累与增值，推动资本主义商品经济的发展”。[247]

自20世纪60年代以来，由西方工业文明近三百年破坏自然环境的积累，引发了一场遍及全球范围内的生态危机。这场危机迫使人类冷静地反思其思想文化根源，重新寻求正确对待人与自然关系的价值观念与行为方式。西方不少著名学者认为，征服和控制自然的西方人类中心论传统，是现代人类生态危机的思想根源，为了解除当代人类的生态危机，西方应该向东方学习。著名的中国科技史专家李约瑟认为，中国的智慧与西方征服自然的传统是很不一样的，尤其是道家自然无为的思想，主张主体与客体合而为一，人与自然和睦相处，才是真正有助于人类的物质福利和长久生存。美国著名学者卡普拉、澳大利亚环境哲学家西尔万和贝内特等也持类似的观点。德国学者格罗伊指出，当代人与自然关系的全球性危机，本质上是近代以来西方人与自然关系的机械论范式的结果。美国历史学家利恩·怀特指出，解决环境危机问题的根本办法不可能从科学技术那里获得，因为科学技术仅仅是人类操纵大自然的手段和工具，而人类征服和统治自然的思想

① 资料由云铜集团提供。

根源，则是犹太—基督教关于《创世纪》的教条中人和自然分裂对抗的二元论。怀特主张要解决人类的生态环境危机，就必须改革和重构宗教。[248]格罗伊认为，人类如果要扭转当代的生态环境危机，就必须在整体上放弃人与自然关系上的西方范式，而以东方已经确立的传统范式为原则，去开展一场人类对待自然关系的伦理革命。[249]

可持续发展要求人节制无限膨胀的物欲。世界观察研究所资深研究员艾伦·杜宁认为，"没有消费者社会物质欲望减少、技术改变和人口的稳定，就没有能力拯救地球"，即使假设在稳定人口数量方面和使用清洁高效技术方面取得了巨大进展，除非人们从物质的一端转向非物质的一端，否则人类的欲望也将会超过生物圈的承受限度。[250]英国著名生态经济学家舒马赫说："所谓自我克制，是知足。"[251]著名历史学家汤因比指出："现代人的贪婪将会把珍贵的资源消耗殆尽，从而剥夺了后代人的生存权。而且贪欲本身就是一个罪恶。若一味沉溺于贪婪，就失掉了做人的尊严。因此，人类如果要治理污染，继续生存，那就不但不应刺激贪欲，还要抑制贪欲。"[252]可持续发展思想的创立者、美国著名的农业科学家莱斯特·R. 布朗认为，把追求物质财富当作一种最高目标，会导致灾难，人类只应当追求维持生活所需的最低限度的财富，主要的目标应该是在精神方面。老子的思想包含着对持续发展的社会至为重要的价值观。[253]

然而节制物欲并不容易。"鼓吹美德比实践美德容易得多。"① "当道德与贪婪同处在竞技场中时，通常是贪婪大获全胜。"[254]从人们的生活观念、消费观念来看，人们生活在自相矛盾之中。沃斯洛（Wuthnow）调查显示，89%的美国人认为"我们的社会过于物质化了"，同时84%的人希望自己拥有更多的钱，78%的人认为漂亮的房子、新车和其他美好的东西是非常或相当重要的。② 心理学家卡塞（Tim Kasser）认为，当人们感到不确定、不安全和贫困时，物质主义，即崇尚金钱和财富的观念，会比较流行。当缺乏安全感时，人们在得到一些新的占有物时常常能获得暂时的情绪提升。但是，这种满足是很短暂的。③ 人类的适应能力和社会比较倾向造成了这种消费心理。[255]

这说明，可持续发展需要人类从根本上转变观念。如何实现这种转变是可持续发展的关键。

5.3.4.2　社会文化的作用形式

社会文化通过提供观念体系，以及对政治、科学、制度的作用来发挥影响。

---

① La Rochefoucauld. 载迈尔斯．社会心理学（第8版）[M]．侯玉波等译．北京：人民邮电出版社，2006：101.

② 沃斯洛（Wuthnow）．同上，第479页．

③ 卡塞（Tim Kasser）．同上，第475页．

严格地说，稍有历史的社会，都会有自己的文化，因而，也都会有自己的价值体系。这套价值体系提供了人们行为评价的标准，它会告诉我们，什么是值得追求的，什么是应当反对的，什么是可以许可的；以它为基础，形成社会生活的基本理念和组织安排的基本原则。[256]

社会文化对政治、经济、科学技术等各方面的影响是巨大的。经济学家和政治哲学家之思想，其力量之大，往往出乎常人意料。事实上统治世界者，就只是这些思想而已。许多实行家自以为不受任何学理之影响，却往往当了某个已故经济学家之奴隶……危险的倒不是既得利益，而是思想。[257]亨廷顿基于宗教信仰的角度，将世界文化分为中华文明、日本文明、印度文明、伊斯兰文明、西方文明、拉丁美洲文明、非洲文明，他认为，正在出现的全球主要的和最危险的方面将是不同文明集团之间的冲突。[258]制度需要符合社会规范才可能得到更好的执行。

社会文化对科学技术也有着重要影响。“科学产生的前提是人类有一种信念，就是所有我们看到的各种各样不同的现象背后都有共同的东西在支配着它们”。[259]现在科学家与哲学家已经达成共识：“科学并非是全然客观的。科学家是按照自己的心理类别来解释自然。我们对现实的知觉会为我们的预期所左右。客观现实的确存在，但我们总是透过信念与价值观的眼镜观察它们。”[260]从科学体系来看，科学是多元的，中国古代科学与西方科学是两种形态完全不同的科学。从理论上讲，科学来源于、脱胎于自然哲学……因此在不同的哲学基质上就会产生出不同的科学。[261]也就是说，“科学是一种文化现象”，[262]有什么样的文化土壤就会培育出什么样的科学。科学、哲学、文化是三位一体的，是不可分割的。[263]中国古代没有西方意义上的科学，就好比西方国家直到今天也没有中医学一样。中国科技与西方科技有不同的特点，是因为它们有不同的文化基因。[264]人对自然资源条件的认识也与社会文化有密切关系。“自然界中环境质量资源也是动态的，其动态虽然不直接伴随技术和经济条件，但响应于人类价值、渴望和生活方式的变化。环境价值从来不是静态的，而是响应于所谓的世界经济循环的起落或升或降。随着人们越来越相对富足，他们才有能力将注意力转向非物质的价值。”[265]

从宗教发展史和社会发展史中可以看到，凡涉及世界观、人生观、价值观等深层基本理念的变革，对社会生活产生的影响最深刻、最持久。建立一种普适的，符合可持续发展要求，而又与现代科学技术发展水平和制度建设水平相适应，能够为人普遍接受的深层理念是当前可持续发展文化建设的核心。一旦人们形成了符合可持续发展要求的价值观，自觉地选择符合可持续发展要求的生产方式和消费方式，这样的社会文化就有利于企业可持续创新。而这种价值观的建立却不是一蹴而就的，而是在“长期的互动过程中、在多次重复博弈之后”[266]形成的。

宏扬中国优秀传统文化，对中国企业可持续创新有着重要意义。“中国传统文化之所以重新引起世界各国的重视，就是因为人们发现，当今世界无论是宏观经济和社会管理还是工商企业管理，西方传统文化包括其价值观、思维模式都受到了严重的挑战，需要从中国传统文化中汲取智慧和力量。‘天人合一’论以及公平观有助于解决世界可持续发展问题。”[267]中国传统文化已经传承了几千年，经过了一个多种文化相互融合、不断发展的过程，内容极为丰富。中国传统文化对中国封建社会的长期稳定和发展起到了巨大的作用，但进入19世纪后，由于中国长期遭受西方强国的凌辱，中国传统文化一再受到质疑、否定和严重破坏。当前的中国文化是中国传统文化、西方文化观念以及现代科学技术等多种因素融合，并且处于不断发展变化中，但是中国传统文化思想仍是中国文化的根本。

中国传统文化思想主要包括道家、儒家和中国佛教三个组成部分。道家以老子的思想为代表。老子以天道体悟人道，以天道推论人道，认为人道即天道，主张将人融入天道，从而把人类社会的性质完全自然化，要求人类按照天道运行的自然法则去实现人与自然的统一。因此，道家以自然无为为宗旨，要求人类顺应自然，遵循天地循环所造成的自然界的和谐秩序，平等地对待万物，以此实现人与自然的和谐统一。儒家以孔子为代表。儒家从人道的角度是体悟天道，天道运行法则被社会化和人伦化，人和社会的某些性质如仁、义等道德化含义就被赋予给自然界，天与人的合一常常就可以看成是人的伦理本性与天的伦理本性的合一。孔子以人为中心，自然是人性的反应。所以，人的作为就变得重要，孔子要求人是有为的。孔子的仁学及实践，是要通过礼乐教化作用帮助人们成就君子之德，以实现他的社会理想。儒家政治学说以“礼治”和“德治”为主要内容，其核心是“仁政”，主张为政以德，修己治人，以道德教化、修身养性来实行统治，反对以苛政、刑律治天下。佛教的宗旨是探求人类和世界的真相，从而帮助人类和一切有情众生脱离苦海，使人从生死流转的烦恼中解脱出来。佛教在传入中国的过程中，不仅吸取了印度佛教的基本思想，而且经过对中国社会和传统儒家、道家及民间思想的适应，促使其不断地改变和不断地发展，最终形成了一个既不同于印度佛教，也不同于道家和儒家思想的中国佛教。佛的存在、修炼可以成佛以及因缘论、业报论是佛教的核心思想。中国佛教的诸流派根据缘起论的宇宙观、众生及万物皆有佛性的平等观，提出了尊重生命及其环境的生态伦理思想。[268]如果说道家、儒家还是以人的世俗幸福为立足点的话，中国佛教则是以人的灵魂的最终解脱为立足点。

虽然道家、儒家和中国佛教对人与天、人与自然以及人的现在与将来等方面存在许多不同的看法，但在天人合一的问题上认识基本上是一致的，从某种意义上说，是相互补充的。因此，中西文化的重要区别就在于，中国传统文化强调要节制自身欲望、尊重赖以生存的环境，而西方文化更强调满足自己欲望并为此征服和掠夺环境。

当然，中国传统伦理思想是中国古老农业文明长期延续并不断积累其与自然相互作用的经验汇积体，中国的天人合一传统由于时代的限制也存在着一些比较严重的缺陷，如过分强调人与自然和谐的一面，忽视人与自然冲突的一面；过分强调价值理性而忽视工具理性；过分强调人的内修内证的精神体验，忽视人在物质实践中对生态环境的现实关切和保护。[269]虽然中国传统文化建立在直观感知和经验的基础上，缺乏系统、严密的论证，但是，总的来看，中国传统伦理思想中的天人合一、顺应天道、自我约束、有所作为和众生平等等思想，对中国长期的稳定和发展以及增加人民的幸福感起到了很大的作用，也可以从不同的方面对当前人类对可持续发展的探索提供有益的启示。可持续发展是一种新的文化，它与旧的文化观念有着显著的差异，而“消除文化差异需要组织或共同体之间长期交流、磨合，而这实际上是一个巨大的投资过程，虽然这个投资常常不表现为一定的价值量”。[270]由于中国传统文化内含了许多重要的可持续发展思想，而且这些思想已经内化于中国人的行为习惯和行为方式之中，因此，从这个意义上说，对中国优秀传统文化的宏扬，是中国可持续发展文化建设的重要内容，也必然是有利于企业可持续创新的。所以，中国企业可持续创新是在中国特定的文化背景下进行的，从某种意义上说，中国可持续发展文化建设具有得天独厚的条件，中国企业可持续创新占有得天独厚的机遇。因此，如何形成有中国特色的企业可持续创新模式，有着重要的理论和现实意义。

综合来看，社会文化集中体现在一个社会特有的基本理念、核心价值观、伦理、器物建设四个方面。基本理念是指长期以来形成的、或隐或现的思想或假设，对现代社会而言，正义、平等、自由已经成为人们的基本理念；核心价值观是指建立在基本理念基础上、对现实的根本性的价值判断，如公平、民主、法治等已经成为现代社会人们的核心价值观；伦理是指建立在核心价值观之上的行为规范，社会伦理、经济伦理、环境伦理；器物建设与习俗是文化的硬件部分。社会文化可持续性的增强，必然会给企业可持续创新的实现带来机遇。

5.3.5 市场需求机遇

在市场经济制度下，机遇的作用最终是通过市场需求的增加来体现的，企业效益的最终实现也是通过满足市场需求实现的。无论是自然资源、科学技术、政治经济制度还是社会文化，这些要素只有最终转变为现实的需求，才能成为企业的现实机遇，而市场需求给企业带来的是直接的利益。近年来，全球环保市场保持年均5%的增长率，① 其中环境服务业平均每年以8%的速度增长，② 远远超过整个国民生产总值年均2% ~3%的增长率和国际贸易年均6%的增长率。③ 发展中国家及最不发达国家和地区的环境服务市场增长迅速，增长率可达10%以上。我国环境货物与服务需求需要从国际市场进口。中国环境服务业还不发达，没有形成环境产业的核心领域。不少跨国公司已在我国设立合资、独资企业，承接环境工程、参与市场投资融资，开展信息咨询。[271]环保市场的扩大必然会直接推动企业实施可持续创新。近年来，铜价出现从未有过的上跃反弹，大幅上扬，同时，中国经济迅速增长，铜消费市场发展迅猛，铜消费量猛增。市场需求，促进了云南铜业股份有限公司绿色环保技术的发挥。④

5.3.6 各要素间的关系与评价指标体系

5.3.6.1 各要素间的关系

政治经济制度和社会文化相互依存，相互补充。政治经济制度源于社会文化又超越社会文化，社会文化是政治经济制度的基础，又受政治经济制度的制约。自然资源是人类生存和发展的基础，对自然资源的认识和利用受政治经济制度、社会文化和科学技术发展水平的影响。科学技术的发展决定了政治经济制度、社会文化的发展水平，同时又受它们的反作用。自然资源、科学技术、政治经济制度、社会文化对企业可持续创新的作用，都集中地体现在市场需求的表现上。

5.3.6.2 评价指标体系

根据本章对自然资源、科学技术、政治经济制度、社会文化和市场需求对企业可持续创新的作用分析，可以得到反映企业可持续创新机遇相关因素的相互关系的指标体系，根据这种指标体系，可以对企业可持续创新机遇进行评价见表5.2。

而这里的各级指标都符合企业可持续创新机遇所具有的综合性、相关性和可持续特性。对企业可持续创新机遇的定量评价，参照本书第4章对企业可持续创新动力的评价方法进行。

① 国家环境保护总局《WTO新一轮谈判环境与贸易问题研究系列丛书》编委会编．WTO新一轮谈判环境与贸易问题研究［M］．北京：中国环境科学出版社，2005：61.

② S/CSS/W/38. 同上，第62页．

③ 佟家栋．同上，第62页．

④ 资料由云铜集团提供。

表 5.2 企业可持续创新机遇评价指标体系

一级指标	二级指标	三级指标
企业可持续创新机遇	自然资源机遇	耗竭性资源机遇
		非耗竭性资源机遇
	科学技术机遇	科学机遇
		技术机遇
	政治经济制度机遇	法律机遇
		政策机遇
	社会文化机遇	社会基本理念机遇
		社会核心价值观机遇
		社会伦理机遇
		社会文化器物建设机遇
	市场需求机遇	市场需求机遇

5.4 本章小结

人类生存与发展需要相应的外部条件，这些外部条件为人类的生存与发展提供机遇（可能性）。人类对外部条件的要求与使用方式是在不断变化的。最初人类靠原始的自然物生活。后来人发明了工具，并在此基础上产生了高度发达的现代科学技术，科学技术的发展对人类的生产方式和消费方式产生了重大影响。制度在人类的生活中有着举足轻重的作用，制度对人类的社会生活方式、资源的利用形式、科学技术的发展都有重要的影响。制度的存在与作用又须与一定的社会规范相适应，而且无论是技术决定论还是制度决定论，都是建立在一定的价值观的基础上，这种相对稳定的价值观构成社会文化的主体部分。创新是人类生存与发展的基本方式，自然资源、科学技术、政治经济制度、社会文化和市场需求是企业创新的基本外部环境条件。创新的回报是丰厚的，但实现创新的困难与风险也是巨大的。创新的困难和风险很重要的一点就在于创新过程中，企业外部环境条件的不确定性、不可控性。因此，企业可持续创新机遇异常重要。当自然资源、科学技术、政治经济制度、社会文化和市场需求有利于企业可持续创新的实现时，就会成为企业可持续创新实现的机遇。

6 企业可持续创新能力

创新能力一直是创新研究的热点，这是因为，一方面，人们往往将创新的成功归因于企业的创新能力；另一方面，企业之间企业创新能力上的差异最易于观察到。企业有了创新动力和创新机遇是远远不够的，还须有足够的创新能力将动力和机遇变为现实效益，因为“即使机遇为创新提供了一个出发点，但是通常仍然需要大量有目的的工作将其变为一项有利可图的事业，而这些工作是一种能力的体现，即由该企业的创新能力决定。”[272]

6.1 创新能力研究文献述评

对企业创新能力的要素构成及定量评价已经有大量的研究。这些研究从不同的角度，对创新能力进行了描述和分析。

熊彼特将创新分为产品创新、生产方法创新、市场创新、原材料创新、组织创新五个方面，从这个意义上讲，企业创新能力应包括产品创新能力、生产方法创新能力、市场创新能力、原材料创新能力、组织创新能力。对创新能力的要素构成，许多学者提出了自己的观点，如“创新能力包括投入产出、知识的产生和交流、商业化、分类测度”；[273]“技术能力（TC）包括人员能力、信息能力、设备能力、组织能力、技术储备能力，技术创新能力（TIC）包括 R&D 能力、市场营销能力、生产能力、资金能力”；[274]“创新能力包括创新资源投入能力、创新组织管理能力、创新研究开发能力、创新产品制造能力、市场营销能力”；[275]“创新能力包括创新资源投入能力、R&D 能力、制造能力、市场营销能力、创新管理能力、创新产出能力”；[276]“创新能力包括 R&D 能力、生产能力、组织管理能力、投入能力、营销能力、财务能力、产出能力”；[277]“创新能力包括技术创新投入（资源）、技术创新产出（效率）、技术创新实现（效益）”；[278]“创新能力包括创新资源投入、创新管理、创新倾向、研究开发、生产制造、市场营销”；[279]“创新能力包括人才素质、产品结构、运行机制、技术开发、适应市场、获奖荣誉”；[280]“企业持续创新能力是一个包括投入能力、生产能力、营销能力、财务能力、创新潜力、产出能力和环境适应能力（制度因素）的综合性能力体系”；[281]“企业持续创新能力具有人本特性、系统特性和持续特性，包括持续创新机遇的捕捉能力、持续创新资源获得和建立新组合的能力，以及持续实现创新经济效益能力。而这三种持续创新过程实现的能力要素都与企业内、外部机遇和环境条件：科技、市场、社会、政治、经济、文化、教育、生态环境和制度密切关联，相互作用，从而形成现实或潜在的企业持续创新能力。[282]向刚教授等人还对企业创新能力、企业持续创新能力进行了定量评价。[283~286]

总的来看，以上文献对创新能力的研究，分析的视角主要集中在以下五个方面：一是从知识的产生、运用、商业化到企业获取经济效益的流程来进行分析；二是从创新过程中涉及的资源要素来进行分析；三是从企业综合能力上去分析，这些能力主要集中经费投入能力、知识创新能力、技术创新能力、组织管理创新能力、市场创新能力等方面；四是从创新所处的层次上去分析；五是从创新机遇的发现与利用、资源的获取与组合、经济收益的实现三方面耦合去分析。这些研究对企业的创新能力的要素构成，企业创新过程，企业创新能力的构成要素间相互关系都进行了深入的、全面的分析。

以上企业创新能力、企业持续创新能力的研究，都是基于企业创新实现的基本目标是经济效益增长这一基本前提而进行的，这对于创新目标是实现经济、环境、社会整体效益的企业可持续创新而言，有必要在以上研究的基础上，进一步系统地分析企业可持续创新能力的基本特征和要素构成。

6.2 企业可持续创新能力的定义与基本特性

能力（Capability）在社会中一般指才能和办事的本领，这里能力有两个方面的含义：一是本身具有的才能，二是实际处事的能力。企业可持续创新能力就是企业在追求可持续发展动机的作用下，通过企业内部符合可持续创新发展要求的知识创新、技术创新、组织结构创新、企业制度创新、企业文化创新，充分利用企业外部机遇，获取经济、环境和社会整体效益的能力。企业可持续创新能力是基于可持续发展观的创新能力，是可持续发展能力建设的一个组成部分。与一般意义的创新或持续创新实现相比，企业可持续创新对创新能力要求更高，企业可持续创新能力具有更强的综合性、相关性和可持续特性。企业可持续创新能力与一般的企业创新能力相比有以下几个显著特征。

企业可持续创新能力具有更强的综合性。企业可持续创新是企业基于可持续发展观的创新，企业可持续创新的目标追求经济、环境与社会的整体效益，这是可持续创新与一般创新的区别。创新能力服从、服务于这个整体目标，因而企业可持续创新能力与单纯追求经济利益的创新能力相比，企业可持续创新能力在保证经济效益持续增长的同时，还需要满足社会和环境效益增长的要求，企业可持续创新能力具有更强的综合性。

企业可持续创新能力与动力、机遇构成一个有机整体。企业可持续创新动力、机遇、能力三者的关系更为密切，三者相互依存，缺一不可。若无机遇，能力也没有存在的必要。若无动力，能力无论大小都难以发挥作用。企业可持续创新能力既要满足企业的需要，又要符合机遇的特点。企业可持续创新需要这三者有机结合才可能实现。企业可持续创新能力具有与企业可持续创新机遇和动力密切相关的特性。

企业可持续创新能力还具有可持续特性。一方面，企业可持续创新能力符合可持续发展相关要求；另一方面，可持续创新能力已经成为现代优秀企业的核心竞争优势。由于实现企业可持续创新目标的艰巨性和挑战性，企业可持续创新能力必须远较一般创新活动的能力更为强大而持久，也就是说，企业可持续创新能力具有更强的持久性和有效性，具备可持续创新能力的企业有更强的生存能力和更好的发展前景。

6.3 企业可持续创新能力分析

6.3.1 知识创新能力

知识并没有形成一个统一的定义。“知识是一个意义模糊的概念”。[287]达温泼斯（Davenporth）和普卢萨卡（Prusak）认为，知识是一种有组织的经验、价值观、相关信息及洞察力的动态组合，它所构成的框架可以不断地评价和吸收新的经验和信息。在组织结构中，它不但存在于文件或档案之中，还存在于组织机构的程序、过程、实践及惯例之中。① 韦伯斯特（Webster）词典1997年对知识的定义为：知识是通过实践研究、联系或调查获得的关于事物的事实和状态的认识，是对科学艺术或技术的理解，是人类获得的关于真理和原理的认识的总和。这是广义的知识概念。席酉民教授等认为，知识最初总是和客观有效性和普遍必然性联系在一起。而在当前的知识管理领域，知识不仅仅包括可以编码和传播的

① 达温泼斯（Davenporth）和普卢萨卡（Prusak）. 见薛澜. 关于知识的经济学研究. 载冯之浚主编. 知识经济与中国发展［C］. 北京：中共中央党校出版社，1998：38.

显性知识，还包括含有默会成分的隐性知识；不仅仅包括个体拥有的个人知识还包括集体拥有的组织知识。[288]

虽然对知识的定义并不一致，但是知识在现代社会的重要性得到了广泛的认同。德鲁克指出，从今往后的关键是知识。世界不再是劳动密集、原料密集、能源密集，而是知识密集。[289]对企业来说，“最有价值的资产可能就是专家的专业知识，灵活的反应，创新的能力，信息和管理系统，以及有关客户和市场的知识。”①

艾米顿（Debra M. Amidon）认为，知识不用就没有任何价值。创新指的是从新创意的产生到全面获利的商业化这一整个过程。成功的创新建立在将知识存量和知识流转化为可销售的产品和服务的基础上。“创新过程就是知识创造（Creation）、知识转化（Conversion）、知识商业化（Commercialization）”。[290]创新不是技术的函数，推动企业前进的是知识。创新是知识交换的目的，亦是知识交互作用的成果。②

艾米顿于1993年提出了知识创新的概念，“科学家和工程师进行跨学科、跨行业、跨国家合作，研究共同感兴趣的问题，其研究成果加速了新思想的创造、流动和应用，加速了这些思想应用于产品和服务，以造福于社会，这就是知识创新”。[291]李正风教授认为，如果把技术创新与制度创新从本质上视为综合运用已有的各种知识的过程，那么所谓知识创新，指的是通过特定的认识活动——主要指实验性的R&D活动，同时也包括经验性的实践活动——增进技术创新和制度创新所需要的知识的过程。这种创新既涉及提出新判断或总结，也涉及对旧的判断或总结的新认识和新提法。创新行为构成一个交互作用的复杂网络。在这个网络中，对市场需求的洞察和已有的知识存量构成基础，而科学研究活动是作为已有知识存量的主要来源。同时，创新行为的实现过程，也是不断增加知识存量的过程，研究活动贯穿于整个创新活动的始终。研究不再完全充当一个给定的边界条件的角色，相反，它已经成为创新过程中的参与者。从这个角度看，不但严格区分研究与发明、研究与生产是不可能的，而且创新过程既是技术创新的过程，也是知识创新的过程。[292]刘海芳选择五个变量来衡量企业知识创新能力的强弱：对知识资源的挖掘能力，对外部知识与新知识的吸收能力，对外部知识与新知识的学习能力，对新知识的创造能力，知识管理能力。[293]

企业可持续知识创新能力具有可持续特性，即知识创新能够帮助企业获取经

① 美国国家研究委员会NRC报告．载戴布拉·艾米顿．创新高速公路——构筑知识创新与知识共享的平台［M］．北京：知识产权出版社，2005：19.

② 埃德文森等．载戴布拉·艾米顿．创新高速公路——构筑知识创新与知识共享的平台［M］．北京：知识产权出版社，2005：序．

济、社会和环境整体效益。专业化研究机构是现代科学知识的主要来源，研究机构的作用是通过机构内部的研究型人才的研究成果来体现的，研究成果的取得取决于研究型人才的素质及信息通道建设状况。所以，从这个意义上看，企业知识创新能力集中体现在以下几个方面：一是科研机构建设水平；二是科研人才的研究能力；三是信息通道建设水平，知识的创造是在前人研究的基础上进行的，信息通道及相互合作是知识创新的重要基础；四是知识创新成果，知识创新成果通常通过获得的专利和学术成果来得以体现。

微软是一个知识创新密集的企业，它利用自身知识创新优势，积极为社会服务。微软为维护儿童上网安全提供帮助，这种帮助主要体现在三个方面：一是将儿童网络安全技术推广到儿童 IT 产品及服务中去。像 MSN（微软在线服务系统）和 XBOX（家庭娱乐终端）等产品就包含了易于管理的专项过滤功能。通过该功能，父母可以监控孩子上网，并能在必要的时候及时阻止孩子上网。二是与 IC-MEC（寻找失踪与被虐待儿童国家中心）、ICPO（国际刑警组织）在克罗地亚共同公布了一个全球培训计划，目的是帮助全球法律执行机构去调查“专门针对未成年人的计算机犯罪”，包括如何探索互联网上引诱儿童的罪犯，收集证据和电脑数据，处理猥亵儿童的投诉等。三是在主要网站上提供网络安全教育。[294]微软在这些方面的创新，带来的不仅仅是经济效益，还有良好的社会效益。

6.3.2　技术创新能力

技术与科学在意义上是有差异的，“一是直接目的不同。科学活动的直接目的是认识和揭示自然的性质和规律，技术活动的直接目的则是改造和控制自然。二是研究方式不同。科学研究的进程是从实践上升为理论，技术研究的进程则是使理论向实践转化，物化为直接的生产力。三是成果不同。科学活动的成果主要表现为知识形态，技术活动的成果则主要表现为物质形态。四是评价标准不同。科学评价的标准是正确性、真理性，技术评价的标准则是实用性、经济性、可行性。五是社会价值不同。科学的价值是潜在的、长远的，技术的价值是直接的，有明显的经济效益。六是管理形式不同。科学是柔性的，有较大的自由度和灵活性，技术则是刚性的，有具体的计划、目的和时间性。七是人才规格不同。科学要求关于理论概括和科学抽象思维，技术则要求具有运用知识解决实际问题的能力和经验。”[295]

技术创新能力是企业竞争力的重要基础，“愈来愈多的国家和企业，竞争力来自于它们能应用最先进的科技和使用原料的方法，而非它们拥有成本最低的原料。因为技术正持续变迁中，新的全球竞争力范式的先决条件是，能快速创新的能力”。[296]工业和技术水平低，信息渠道和意识弱，产品检测达不到国外精度或准确性，企业社会责任意识差、措施不力，国家环境法规和标准低于或少于国外，都是中国企业国际竞争力差的重要原因。其中工业和技术水平是最关键的原因之一。[297]

狭义的技术创新包括产品创新和工艺创新。市场创新作为企业创新的一个基本内容，是产品创新与工艺创新的一个延续，因此，市场创新通常也被归入技术创新。对企业可持续创新而言，技术创新能力具有可持续特性，即这种产品创新、工艺创新、市场创新能够帮助企业获取经济、社会和环境整体效益，并且这种能力通常更为持久、更有市场前景。

1997 年，云南铜业股份有限公司引进艾萨铜熔池熔炼技术改造项目，2002 年 5 月 15 日全流程投料生产。艾萨炼铜技术引进后，企业开展了大量的自主创新工作。通过一系列的技术创新，公司实现了对艾萨炼铜技术的完善和重大技术跨越，企业总体技术水平及多项关键技术和指标均超越国际先进水平，资源综合利用率高，经济、环保和社会效益突出，成为世界艾萨熔炼技术实践的成功典范，对推动传统产业的提升、铜冶金的技术进步、艾萨技术的发展与成熟有重要的意义，其高产率、高质量、高寿命和低能耗、低污染的特点，成为继闪速炉后世界上又一种新兴成熟的冶炼工艺。该技术改造项目主要经济技术指标均达到同类企业的世界领先水平，项目先后获得国家科技进步二等奖、有色金属工业科技进步一等奖、国家优质工程银质奖等十余个奖项，实现了企业的社会、经济、环保效益三丰收。[298]

6.3.3 组织结构创新能力

从系统的观点看，系统具有一定的结构和功能，系统的性能不仅取决于要素的质量和数量，而且取决于要素的结构方式和水平，即结构决定着系统的性质和功能。[299]组织结构（Organizational Structure）就是组织中正式确定的使工作任务得以分解、组合和协调的框架体系。管理者在发展或变革一个组织的结构时，他们就在开展组织设计（Organizational Design）工作。组织设计涉及六个方面的关键要素：工作专门化（Work Specialization）、部门化（Departmentation）、指挥链（Chain of Command）、管理跨度（Span of Control）、集权与分权（Centralization and Decentralization）、正规化（Formalization）。[300]

组织结构有不同的分类方法，总体上说，传统的组织形式主要有简单结构（Simple Structure）、职能型结构（Functional Structure）、事业部型结构（Divisional Structure）。[301]马克斯·韦伯特别强调了官僚组织的合理性，“一个围绕着某个具有特殊品质的人所建立的组织是不会长期生存下去的……管理机构的纯粹官僚类型——也就是官僚体制的独裁变种——从某种纯粹技术观点上来讲，可以达到最高一级效率，而且也是据我们所知能够严格控制人们的最为合理的形式……这种样式的优越性不仅体现于它的效率之高，而且还体现于它运作的规模之大；它也因此可以完成所有类型的管理工作”。[302]

现代组织中的管理者们已经发现，传统的层级制结构设计常常不能适应他们所面临的日益动态和复杂化的环境。[303]艾米顿认为，动态的竞争环境下，要求网络化的柔性组织结构，以平衡义务和应承担的责任风险，[304]创新组织应该是特别的、流动性的、跨学科的和合作性的。[305]汤姆·彼德斯认为，公司依靠的本质是知识，必须考虑如何去获得它、传递它、利用它。因此，要砍掉整个形式化的组织结构，解散组织以解放想象力，并认为大公司将解体，21 世纪将是小公司的世纪。他认为要超越授权，使每项工作都成为生意，公司将完全由生意人构成。[306]安可纳认为，新型组织具有网络化、扁平化、柔性化、多元化及全球化的特征。从战略设计视角看，组织是一个目标导向的实体；从政治视角看，是一系列不断变化的利益联合，糅合了多个利益主体；从文化视角看，组织是一套定式，这些定式支配着人们对行为和周围事件的反应方式。这三个视角凸显了组织行为的不同方面。只有完整地把握了这三个视角，才能全面理解组织变革并进行组织诊断。[307]阿里·德赫斯认为，企业要适应资本主义向知识社会的转变，因为未来唯一持久的优势是有能力比你的竞争对手学习得更快。[308]彼德·圣吉运用系统动力学理论，提出应该使组织成为一个学习型组织，学习型组织要掌握五项新技术，即自我超越（Personal Mastery）、改善心智模式（Improving Mental Models）、建立共同愿景（Building Shared Vision）、团队学习（Team Learning）和系统思考（Systems Thinking）。[309]

罗宾斯认为，合适的组织结构取决于四个方面的权变因素：组织的战略、规模、技术、环境的不确定性。现代的组织设计主要有：基于团队的结构（Team-based Structure）、矩阵型和项目型结构（Matrix Structure，Project Structure）、内部自治单位（Autonomous Internal Units）、无边界组织（Boundaryless Organization）、学习型组织（Learning Organization）。而在实际中，并不是所有的组织都以完全相同的方式来架构。[310]组织是非常复杂的体系，其绩效是由多重因素决定的。[311]德鲁克指出：“组织本身并不是目的，它只是实现商业运营和商业成就的手段。组织结构是一种不可缺少的工具，错误的结构则会严重地损害商业运营，甚至会毁掉一家公司”。[312]

对组织创新（Organizational Innovation）研究有两个基本理论，被称为 E 理论和 O 理论。E 理论强调经济价值的创造（通常也表述为股东价值）是组织创新的目的。它关注的重点在于建立正式的组织结构和体系，组织创新的实施主要受高层经理的推动，这些经理可以从咨询顾问那里获得广泛帮助，变革的过程都是事先计划安排好的。O 理论则以发展组织中人员执行战略的能力和从过去有效变革行动中学习的能力为目的。它关注的重点在于发展一种员工高度负责的企业文化，它的实施意味着员工的高度参与，变革的驱动力量也较少地依靠咨询顾问以及物质上的鼓励。变革是自然发生的，没有什么计划和程序。[313]

企业可持续组织结构创新强调组织创新要有可持续性，即这种创新不是仅仅追求经济效益，还要充分考虑到社会效益。组织结构创新集中体现在组织结构的设计、组织结构变革的实施和组织结构的效率三个方面。

6.3.4 企业制度创新能力

企业制度是指企业内部有关控制权和剩余索取权分配的一整套有形的制度安排。这里的制度不同于国家宏观政治经济制度，也不包括企业组织结构与企业文化。

人性是管理的出发点，是管理互动的核心，[314]制度的设计与安排必须充分考虑人性的特点。经济学家更多地将人作为理性的人来分析，并给出了制度安排的基本原则。在管理学家来看，“人们并不是理性的，而是由本性支配的”。① 理性是人最本质的特征，同时人也存在非理性的一面，人的需求是多方面的，行为的动机是异常复杂的，所以制度安排也是多种多样的，并且需要不断调整变化，这个调整变化过程就是企业制度创新。制度创新主要表现在企业制度设计、制度变革的实施、制度变革后的效率等几个方面。对企业可持续创新而言，企业制度创新能力具有可持续特性，企业制度设计、制度变革实施、制度效率能够帮助企业获取经济、社会和环境整体效益，而且这种能力更为持久，所带来的效益更为持久。

云南白药集团将“企业经营综合管理系统”、组织结构的调整和薪酬制度的改革列为白药苦练内功的主要内容。1999 年，集团与北京英克科技公司合作，引进了知识与资源管理系统 ERP，系统要求工作按规定去做。这种改革使白药人的精神状态发生了重大变化。2001 年 3 月，集团开始了以市场化为纽带的内部业务流程重组，合并了职能重叠部门，精简了行政管理部门。生产制造部门实施订单制，劳动生产率大大提高。集团在清华人力资源管理专家的指导下，对企业业务流程进行重组，对组织架构进行调整，建立了“以效率优先、兼顾公平”为原则、以薪点为基础的岗位技能工资制，为稀缺人才建立了工资特区和企业核心团队长期激励机制。② 经过这一系列组织结构和制度创新，云南白药集团获得了良好的经济、社会和环境整体效益。

---

① 雷恩．载郭咸纲．西方管理学说史［M］．北京：中国经济出版社，2003：187.

② 资料由云南白药集团提供。

6.3.5 企业文化创新能力

很长时间以来，企业文化并没有得到应有的重视，罗宾斯指出，每个企业都有自己的文化。文化与人的关系就如同鱼和水的关系。鱼总是生活在水这个环境中，但又常常忽视水的存在”。[315] 企业文化的重要性常常让人难以察觉，“当建筑物建立起来之后，你看不到它的柱子、横梁与钢筋，但是少了它们，建筑物将会倒塌。文化对于企业来说就是这样。[316]

在知识社会里，文化的作用并没有削弱，“无论技术的引进有多快，组织绩效不佳的主要原因在于行为因素——企业的心理学、社会学和人类学方面”。“知识经济使得我们的注意力转向人本身——知识经济的拥有者——他们怎样创造知识，和他人分享知识，运用知识增加价值。真正结构上的问题并不是关于技术、技能、诀窍方面的问题，而是心理上的问题，知道如何激励他们进行创新。”“塑造知识共享的文化是知识战略中最困难的一步，也可能是最重要的一环。重视差异性，因为差异性的存在是学习的基础。”[317]

安可纳认为，文化表现为三种层次：可观察的人造物、价值观、内含的基本理念。当一个人进入一个组织时，他可以观察和感觉到组织的人造物。通过访谈、问卷或调查工具，可以研究一类文化所支持和证明的价值观、规范、意识形态和企业哲学。通过更深入的观察、更集中的问题和通过把群体里有强烈自我分析欲望的、更富激发性的成员包括进来，我们可以找出和解释那个理所当然的、潜在的但通常又是未被发觉的企业理念。这种理念决定了组织成员的理解、思考过程、感觉和行为。组织处于文化之中，但它们也生产和保护自己的文化。组织所有者、工人、客户、供应商、立法者等都参与了这些或促进或阻碍组织文化产品和文化过程的创造、消费行为中。组织文化是组织在学习应付外部适应和内部整合问题的过程中，被给定的群体所发明、发现和发展的组织基础信念的一种模式，它运转良好，被认为是有效的，并且和因此被作为处理这些问题的感知、思考和感觉的正确方式传授给新的成员。由于环境的变动将在组织内部产生压力和紧张，强迫组织产生新的学习和适变行为。同时，新加入群体的成员将带来新的信仰和理念，这种新的信仰和理念会对组织现有的理念造成影响。因此，在某种程度上，任何给定的文化都会不停产生进化和成长的压力。但是正如个体不会轻易放弃他们的特性或者防备机制一样，群体也不会仅仅因为受到外界环境的压力或者新成员的不服从而轻易放弃它们最基本的文化理念。[318]

正是在这种冲突与调整中，企业文化得到创新。在企业文化创新中，企业家起着至关重要的作用，因为“企业家与一般民众区别开来的首先是他们的精神。这种精神就是冒险精神、创新精神、不满足精神和英雄主义精神”。[319]

从以上分析可以看到，企业文化是企业的深层结构，它包括企业的基本理念、企业的核心价值观、与企业核心价值观密切相关的器物建设，这三者是考察企业文化的三个重要依据。

对企业可持续创新而言，可持续的企业文化能够帮助企业获取经济、社会和环境整体效益，而且这种文化具有更强的生命力、对企业可持续创新的实现作用更为突出。

云南白药集团在一百多年的发展历程中，形成了“传承文化、济世为民、超越自我”这一核心企业理念。云南白药人认为，优秀企业的经营，归根到底是文化的经营，优秀的企业文化建设不仅是激进企业发展的力量，还必将对经济社会的发展产生巨大的影响和推动作用。云南白药在企业发展历程中将企业品牌和文化与不同的时期结合起来，与时俱进。2002 年，云南白药根据企业的发展现状，以实践性、民族性、持久性为宗旨，在原有文化积累的基础上构架起一套企业核心理念系统，并努力使它转化为文化竞争力，更好地推动企业向前发展。云南白药将其企业精神浓缩为“勇于开拓创新，不断超越自我”，将企业价值观表述为“文化的传承者、科技的创新者、健康的奉献者”，将其企业经营方针定为“继承品牌、锤炼品牌、发展品牌”，将其企业发展目标定为“现代化、国际化”，云南白药坚持以企业文化凝聚力量、激发活力，努力追求企业经济效益与社会效益、环境效益的全面提升。①

6.3.6 各要素间的关系与评价指标体系

6.3.6.1 各要素间的关系

企业可持续创新能力的表现是多方面的，知识创新增进作为技术创新基础的知识存量，技术创新反过来又拓展了知识创新的问题领域，并为知识创新提供必要的资金和技术支持。制度创新为知识创新和技术创新提供激励，但同时，知识创新和技术创新也构成制度创新的必要条件，[320]组织结构创新和企业文化创新也贯穿在知识创新、制度创新和技术创新之中。科学知识创新常常导致文化观念的变化，文化观念的变化也会导致科学知识的发现、接受或被拒绝。知识、文化、技术的创新常常带来组织结构与制度的创新。组织结构创新常常伴随着制度创新，制度创新常常带来组织结构的创新。企业家把所有要素整合在一起。各种创新能力在创新过程中并不是孤立的，而是相互作用、相互影响，形成企业可持续创新能力系统。

6.3.6.2 评价指标体系

根据本章对知识创新能力、技术创新能力、组织结构创新能力、企业制度创

① 云南白药集团股份有限公司 2006 年度社会责任报告。

新能力和企业文化创新能力的分析，可以得到反映企业可持续创新能力相关因素的相互关系的指标体系，根据这种指标体系，可以对企业可持续创新能力进行评价。

这里的各级指标都符合企业可持续创新能力所具有的综合性、相关性和可持续特性。

对企业可持续创新能力的定量评价，参照本书第4章对企业可持续创新动力的评价方法进行。

表6.1　企业可持续创新能力评价指标体系

一级指标	二级指标	三级指标
企业可持续创新能力	可持续的知识创新能力	科研机构建设能力
		科研人员科研能力
		信息渠道建设能力
		科学研究成果
	可持续的技术创新能力	产品创新能力
		工艺创新能力
		市场创新能力
	可持续的组织结构创新能力	组织结构设计能力
		组织结构变革实施能力
		组织结构的效率
	可持续的企业制度创新能力	制度设计能力
		制度变革实施能力
		制度的效率
	可持续的企业文化创新能力	企业文化器物建设
		企业核心价值观
		企业基本理念

6.4　本章小结

企业可持续创新能力是多种能力的组合，它由知识、技术、组织、制度和文化结构决定，企业可持续创新能力体现在符合可持续发展要求的知识创新能力、技术创新能力、组织结构创新能力、企业制度创新能力、企业文化创新能力方面。能力是对具体机遇而言，对人的具体需要而言。企业可持续创新的实现是动力、能力、机遇共同作用的结果。企业可持续创新能力在企业可持续创新动力的推动下，通过获取和利用机遇，实现企业的经济、社会与环境整体效益。企业面临的环境和企业的需要在不断发展变化，企业可持续创新能力的建设与运用也需不断变化。

7 企业可持续创新动力、机遇、能力综合作用分析

前面三章从理论和实践两方面分别对企业可持续创新的动力、机遇和能力的相关要素和作用性质进行了具体分析。对企业可持续创新的实现而言，动力、机遇、能力的作用并不是分立的，而是有机结合形成的一种综合作用。现有的创新研究文献中，大多数将企业创新动力、机遇和能力分立地进行研究，对这三者相互关系和综合作用分析较少。本章根据系统理论的基本思想，结合企业可持续创新的特点，对这三者之间的相互关系及其产生的综合作用进行讨论。

7.1 企业可持续创新动力、机遇、能力之间的关系

企业可持续创新动力和能力有着密切的关系。一个企业即使有较强的可持续创新能力，但没有足够的动力，根据动机—行为理论可知，企业可持续创新行为不会发生，可持续创新能力再强，也难以得到有效发挥。而单有创新动力，没有相应的能力作保证，企业可持续创新也达不到预期的目的。动力和能力可能相互加强，也可能相互削弱。如果企业具有较强的可持续创新动力，它会推动企业主动提高自身可持续创新能力。反之，较弱的动力会削弱能力的发挥。如果企业有了较强的可持续创新能力，这种能力会增强企业可持续创新的信心并带来现实利益，即强的能力会增强动力。反之，较弱的能力常常会减弱企业创新的信心，减少企业可持续创新动力。云南铜业股份有限公司在引进艾萨炉技术之前，就具有了追求经济、社会、环境整体效益的动机，因此引进了环保性能好的艾萨炉技术。技术引进成功后，为企业带来了经济、社会和环境效益，这种成功使其可持续创新动力增强并加大了创新力度，这又推动他们开发出一系列新的、多方面的符合可持续发展要求的创新，企业可持续创新能力得到进一步提升，形成了动力和能力相互加强的局面。

企业可持续创新动力和机遇也有着密切的关系。如果一个企业外部有很好的

可持续创新机遇，而企业没有足够的创新动力，机遇即使存在，企业也会视而不见。对于没有主动性的企业而言，机遇是没有意义的。单有创新动力，没有相应的机遇，巧妇难为无米之炊，企业的目标也不可能实现。动力和机遇之间，可能相互加强，也可能相互削弱。较强的动力会推动企业主动寻找机遇、利用机遇，较弱的动力会削弱企业对机遇的利用程度。强的机遇会诱发企业可持续创新的动机并带来现实利益，而机遇很少，也会削弱企业的动力。云南铜业股份有限公司在有了可持续创新的动力之后，国家的鼓励政策和先进炼铜技术（艾萨炉技术）的存在，为他们提供了良好的机遇。这种机遇的存在，又进一步增强了他们的动力，这种动力又推动他们去发现更多的可持续创新机遇，去发现和采用更多、更好的环保技术，去争取更多的相关政策支持，从而赢得了更多的市场机遇，形成了动力和机遇相互加强的局面。

企业可持续创新能力与机遇也有着密切的关系。企业有了可持续创新能力，而没有外部机遇，再强的可持续创新能力也无用武之地。有了创新机遇，没有相应的能力，机遇也无法得到利用。机遇和能力可能相互加强，也可能相互削弱。较强的机遇会刺激企业提升自己的能力，以更好地利用机遇；较弱的机遇也会使企业的创新能力得不到应有的发挥。较强的能力能增强企业的竞争优势，使企业在不利的情况下创造机遇、争取机遇；较弱的能力会削弱企业对机遇的利用程度。云南铜业股份有限公司创新能力的增长，大大提高其市场竞争力，为其赢得了大量的市场机遇。这种机遇的存在，又使企业得到迅速发展，企业的发展使其能力培养方面增加了投入，使其创新能力又得到进一步提高。

综合来看，企业可持续创新动力、机遇和能力相互依存、相互影响、相互作用，它们在企业可持续创新过程中形成不可分割的整体。从要素构成上来看，它们具有相对的独立性，分别完成不同的功能，相互之间不可替代。从企业可持续创新的实现来看，这三者缺一不可、不可分割，它们的有机结合是企业可持续创新实现的根本保证。

7.2 企业可持续创新动力、机遇、能力综合效应分析

根据对企业可持续创新动力、机遇、能力的分析和定量评价，可以对企业可持续创新动力、机遇和能力的产生的综合效应进行定量评价，即 $Y = D \cdot O \cdot A$。

这里的综合效应值反映了企业可持续创新动力、机遇、能力产生的综合作用强度，并不等于企业可持续创新实现的程度。严格地说，企业可持续创新的最终

实现程度大小是由经济、社会和环境效益总量来定量的，而这个综合效应值反映了企业可持续创新实现所必需的相关要素的综合作用强度，从某种意义上说，它反映了企业可持续创新实现的可能性的大小。显然，这个综合效应值与企业可持续创新实现的程度有着密切的关系，一般来说，这个综合效应值越大，企业可持续创新实现的可能性越大，但这两者之间严格的数学关系，还有待于作进一步的研究。综合效应值对企业可持续创新程度的描述只是一个近似的描述，重要的是，它揭示了动力、机遇、能力之间的相互关系及其对企业可持续创新实现的意义。

从这个模型可以很容易地看到，综合效应值的大小取决于动力、机遇和能力的值及其相互影响。这个模型显示，动力、机遇和能力产生的综合效应不是简单地等于三者功能的叠加，而是取决于三者的组合效应。单个要素强度越强，相互强化程度越高，产生的综合效应越强。过分强调某一个方面是不正确的。经验也告诉我们，过分迷信能力，忽视动力与机遇的作用，就不能充分发挥人的主观能动性，也看不到企业外部条件的限制，使企业忽视人类的自我控制、自我调节能力及保护环境的重要性。过分强调动力，忽视能力与机遇的作用，就会忽视工具的可行性及外部条件的可能性。过分强调机遇，忽视动力与能力的建设，就会看不到人的主动性及工具的重要性。

7.3 对企业可持续创新实现机理的讨论

根据第2章中企业理论、创新理论、可持续发展理论和系统理论的基本思想，以及前面几章对企业可持续创新动力、机遇、能力的具体分析，可以对企业可持续创新实现机理进行较为深入的讨论。

根据前面的分析，不难看到，创新是人为了满足自身物质生活和精神生活的需要而采取的主动行为，人的需要是创新动力的源泉。人的需要推动人借助于一定的工具，通过获取利用外部资源使自己得到满足。在现代社会里，人满足自身需要利用的主要工具就是企业，人将多种能力组合在企业里，使企业成为创新能力的载体，企业外部资源是创新机遇的源泉。因此，更深层次地看，动力、机遇、能力之间的关系，反映了人的需要、企业外部资源和企业之间的关系。从满足人的需要的角度看，企业和企业外部资源是为人的需要服务的，从这个意义上来说，人的需要是企业和外部资源存在的前提，人的需要处于中心地位。

由于人的需要是对人的生存和发展而言的，人是人的需要的载体。工具的制造和使用是人的根本属性，企业是人在特定的时期、特定的生存环境中发明和使用的、用于维护自身生存和发展的一种工具，企业本身也包含人创造的多种工具，从这个意义上说，工具的发明和使用是企业出现的前提，企业是多种工具的组合。企业外部资源来源于企业外部环境，这个环境也是人所生存的环境。因此，更深层次地看，人的需要、企业、企业外部资源又反映了人、人制造的工具、人的生存环境之间的关系（图 7.1）。

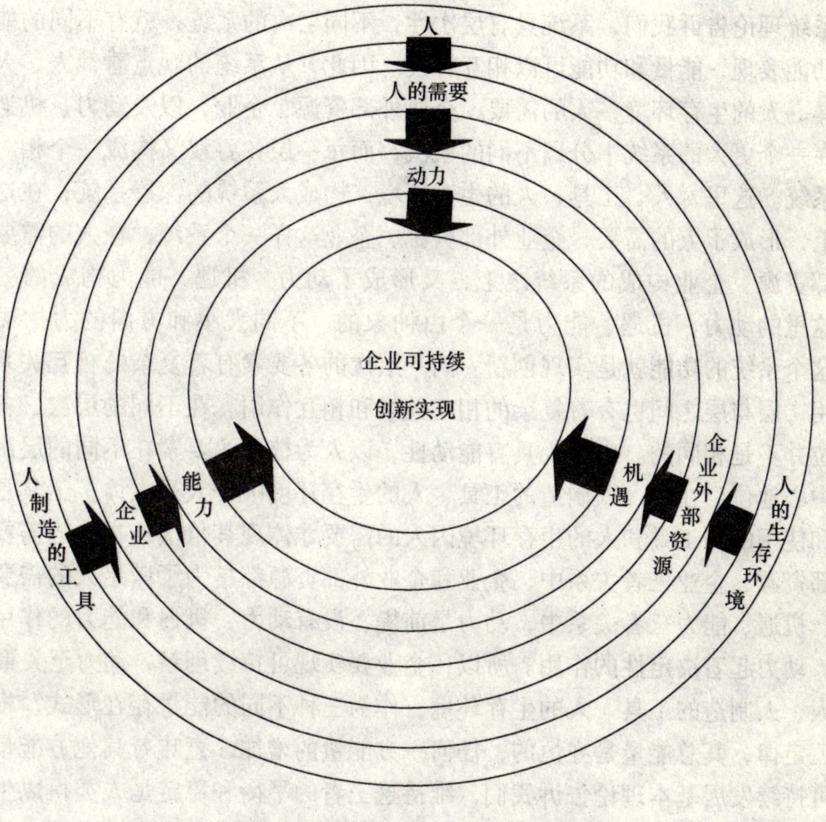

图 7.1　企业可持续创新相关要素之间的关系

之所以将工具作为人、人的生存环境之外的一个独立要素，是因为工具的发明与使用是人与动物的根本区别，是人类得以生存和发展的前提，而且工具出现以后，工具在人类生活中的作用越来越大，对人和人的生存环境产生的影响越来越大，工具自身的发展也有了相对独立的发展规律。当然，工具最终是由人创造并为人服务的，它是人认识世界的结果，最终受人的支配。而人的生存环境不是人的劳动成果，不受人的意志和能力支配，它有其自身的发展规律。人可以控制自身的需要以及工具的使用，但不能控制人所生存的环境，也就是说，人的一切活动不能超过环境的承载能力，这也是可持续发展理论的基本观点之一。需要说明的是，人既有物质需要也有精神需要，所以这里的工具不仅仅是对物质对象而言，也包括人为满足精神需要所使用的手段；这里的环境也不仅仅限于自然环境，也包括人需要的精神环境。因此，这里的人、人制造的工具、人的生存环境之间的关系，并不是人、劳动工具和劳动对象的关系，这里的人只能去认识和适应环境，而不是控制和支配环境。

系统理论告诉我们，系统具有层次性，不同层次的系统，就有不同的能量结构和功能表现，能量和功能可以相互转换。因此，从系统的观点看，人、人制造的工具、人的生存环境，人的需要、企业外部资源、企业，以及动力、机遇、能力，在一个更大的系统中分属不同的层次，而每一层各要素又构成一个相对独立的小系统。这里，人、工具、人的生存环境，构成大系统的深层系统；在这个系统之上，形成了人的需要、企业外部资源、企业这样一个系统；在人的需要、企业外部资源、企业构成的系统之上，又形成了动力、机遇、能力构成的一个系统。这里的动力、机遇、能力是一个由抽象的、不同大小和方向的力构成的系统，这个系统的功能就是实现创新。同一层次的各要素有着复杂的相互关系和相互作用，层与层之间也有着复杂的相互关系和相互作用。在不同的层次，各要素的地位并不是相同的。由于人具有能动性，以人为核心的要素在不同的层次中都处于中心地位。在人、人制造的工具、人的生存环境中，人是主体，工具是由人制造和使用的，工具和人的生存环境因人的需要才体现其价值；在人的需要、企业外部资源、企业三者关系中，企业和企业外部资源都是为了满足人的需要；在动力、机遇、能力三者关系中，动力是前提，没有动力，机遇和能力的作用难以发挥，动力起着决定性的作用。所以，企业要实现可持续创新，动力至关重要。

人、人制造的工具、人的生存环境，作为三种不同的能量存在形式，根据能量守恒定律，其总能量是守恒的，任何一方能量的增加，意味着其他方能量的减少。可持续发展基本理论告诉我们，维持这三者的平衡和稳定是人类得以生存与发展的前提。由于能量存在的形式是多种多样的，因而这种平衡也有层次性，是不同层次意义上的平衡。这也决定了人的需要、企业外部资源、企业三者之间需要维持一种平衡。现代社会，要获取和利用资源，个人的能力是有限的，需要借助于一定的组织才能实现，企业就是现代社会获取和利用资源最重要的工具。人的需要和企业的发展呈现无限扩大的趋势，但最终受资源存量约束。但资源也因为为人所用，才有意义。这三者之间任何一方的过度膨胀，都会损害其他方，从而打破这种平衡。所以，人需要通过自己的智慧来处理好这三者之间的关系。由于人的需要决定了行为动力的大小和方向，企业外部资源供给状况决定了机遇的强弱，企业内部的综合状况决定了能力大小，因此，人的需要、企业外部资源、企业三者之间这种平衡，也决定了动力、机遇、能力三者之间必然会维持某种平衡。人具有主观能动性，人可以认识世界，并在认识世界的基础上不断创新，为自己谋取福利。从某种意义上说，可持续发展就是建立在维持人、人制造的工具和人生存的环境的平衡这样的思想基础之上，企业可持续创新就是建立在维持人的需要、企业能力和企业外部资源的平衡的基础之上。因此，企业可持续创新动力、机遇和能力，也是建立在综合考虑人的需要、企业能力、企业外部资源的平衡的思想基础之上，而不是仅限于其中的某一个要素，这意味着企业可持续创新与一般意义的企业创新行为相比，具有更强的综合性、相关性和可持续特性，是一种新型的动力、机遇和能力。建立在这样一个认识基础之上的企业的利益追求，也必然是追求经济、社会和环境的整体效益。

以上分析揭示了企业可持续创新的行为过程及相关要素的结构性特征，也正说明对企业可持续创新动力、机遇和能力进行界定的意义所在。对具体的企业而言，在具体的可持续创新过程中，由于其动力、能力和机遇存在差异，表现出各种各样的行为特征和结构特征，但最终受人、人制造的工具、人的生存环境这种关系约束，这也是可持续发展理论的立足点，也就是说，企业可持续创新最终受可持续发展基本理论所揭示的基本规律所制约。正因为各个企业千差万别，不是每个企业都能实现可持续创新，才使实现可持续创新的企业显得卓越。从这里也可以看出，可持续发展理论是企业可持续创新的理论根源。企业可持续创新作为一种新的创新模式，它的动力、机遇和能力与一般企业的区别就在于，它们都是建立在人、工具、环境协调统一的基础上的，正因为如此，企业可持续创新追求的是经济、社会和环境的整体效益。

7.4 案例分析

中国有一些优秀的企业初步走上了可持续创新的道路。天士力制药股份有限公司（以下简称天士力）是其中之一。天士力具备中国大多数企业发展的典型特点：最初是一个国有企业，经过多次制度创新后成为一个民营企业；最初是一个规模很小的中药生产厂，后来发展成为融科研、制造、销售一体的国际化高科技公司；天士力总体上看还是一个家族企业，但职业经理人作用非常突出。同时，天士力是一个与中国优秀传统文化密切相关的中药制造企业。因此，天士力的可持续创新实践，对中国企业创新而言，具有一定的代表性、典型性。本报告是在文献分析、实地观察、问卷调查、个人访谈的基础上完成的。[321~328]

天士力厂房建筑面积 4 万平方米，职工 2400 多人，是当前国内最大的滴丸剂型生产企业，主要产品有复方丹参滴丸、养血清脑颗粒、柴胡滴丸、藿香正气滴丸和胃康胶丸等。天士力以“提高生命质量，创造健康生活”为经营宗旨，把高科技、高起点、高速度和新思维作为企业发展基本思路，贯彻“科研做高、技术做精、人才做专、产业做强、市场做活、服务做优、企业做大”的发展方针，以打造现代制剂生产技术平台为重心，以“全面项目化管理”、“全面预算管理”、“全面成本管理”和“全面标准化管理”为手段，不断创新，在经济、社会和环境三个方面都取得了较好的效益。2006 年度，在上海证券交易所和中证指数有限公司公布的调整 5 大指数的名单中，公司继上证 180 后又成为沪深 300 指数样本股；在第二届投资者关系年会暨 2005 中国 A 股公司 IR 评选中，公司荣获“最佳小型公司奖”和“最佳执行人奖”两项大奖，并在“2005 年中国 A 股公司投资者关系 50 强”排行榜中名列第十。在保持经济效益持续增长的同时，天士力根据国家法律相关要求与员工签订劳动合同，努力改善职工劳动条件，为员工建立医疗保险和住房公积金。天士力热心公益事业，多次向社会捐款、捐物，召开大型学术会议普及医学知识，设立中国药学发展奖——天士力创新药物奖，开展“健康之星——天士力行”活动。天士力还坚持从源头预防控制环境污染，先后被评为“天津市花园式单位”、“天津市工业系统 2003 年度创建国家环境保护模范城市工作先进集体”、“天津市绿化先进单位”、“全国工业旅游示范点”。天士力可持续创新的实现是动力、机遇和能力共同作用的结果。

7.4.1 动力分析

7.4.1.1 “政府人”的动力

政府官员给予了天士力极大的认可与支持，这是天士力实现可持续创新的重要动力之一。1992 年，闫希军、吴廼峰研制成功复方丹参滴丸后，1993 年国家卫生部为复方丹参滴丸颁发了新药证书。1994 年，解放军第 254 医院与中央制药厂组建天使力联合制药公司，闫希军被任命为负责人。1997 年，中央军委副主席张震上将视察天津部队时，专程前去视察，并对公司的成绩给予了充分肯定。在部队大幅缩编的情况下，天使力仍得以设为师级建制。1998 年，闫希军被提升为北京军区后勤医药集团总经理兼天使力联合制药公司总经理。闫希军在军队立过二等功，是“军队优秀科技干部”、“军队优秀企业家”、全军最年轻的获得正高职称的主任医师。军队相关人员的长期支持，是该企业能够持续创新的重要动力。

根据国家、军队相关政策，闫希军于 1998 年带领 20 名干部、29 名志愿兵转入地方。1999 年，天津市政府依照十五大精神，批准天士力改制，允许员工购买部分股权。2000 年，天津市政府批准天士力集团有限公司为天津市计划单列集团。2001 年，国务院发展研究中心在天士力召开“中药现代化产业推进战略案例研讨会”。全国科技大会上，闫希军被评为全国优秀科技工作者，国务院总理温家宝颁发证书；吴乃峰被评为第四届中国十大女杰。中共中央政治局委员、天津市委书记张立昌、全国人大常委会副委员长吴阶平、全国政协副主席程思远、国家改革与发展委员会副主任李盛霖、国家人事部部长张学忠、天津市市长戴相龙等官员都曾视察天士力，中国外交官联谊会、阿拉伯国家使团等政府部门组织的团体也曾参观天士力。地方政府相关人员的长期支持，也是该企业能够持续创新的重要动力。

这些事实显示，天士力在其发展历程中，从“政府人”那里得到了较大强度的推动。

7.4.1.2 “社会人”的动力

由于天士力的产品药效好，注重公益事业，赢得公众、媒体和社会组织的认可。在维普论文库中，题名和关键词含有“天士力”的论文有 100 多篇，在互联网百度检索中含有“天士力”的信息有 922000 多条（2007 年 12 月 26 日检索），此外，关于天士力还有大量电视、广播采访、讲学等，以及各种形式的参观活动。1998 年联合国国际和平周，闫希军获“联合国和平使者”称号。2001 年俄罗斯红十字会授予闫希军俄罗斯医药界最高荣誉——红十字勋章。这表明“社会人”对天士力有较高程度的关注和认可。“社会人”对天士力的可持续创新也起到了重要的推动作用。

7.4.1.3 “市场人”的动力

天士力在消费者和供应商中有良好的声誉，一直得到消费者和供应商的支持。天士力生产规模不断扩大、销售量的逐年增加，这说明消费者和供应商也在推动天士力不断创新。同时，同类药品、化学药品、生物药品生产企业对市场的争夺，给予天士力的直接推动力。中药产品的生命周期相对缩短，使中药在整个医药市场的份额下降，也促使天士力加大了创新力度。

7.4.1.4 “企业人”的动力

闫希军夫妇具有强烈的为人治病、造福世人的动机，这种动机促成了其个人能力的增长和充分发挥，这种能力的发挥促使他们发明了复方丹参滴丸。闫希军夫妇到此并没有止步，他们内在的强烈动机，使他们想让产品尽快进入市场，为更多的人服务。各级领导的帮助给他们创造了机遇。这种动力、机遇、能力的综合作用促成了天士力的诞生。随着企业的发展壮大，这种企业家精神成为以闫希军夫妇为领头人的团队精神，这种精神是天士力实现可持续创新的根本动力。天士力所有员工追求经济利益、个人成功、个人成才以及和谐的工作环境的动机，是天士力实现可持续创新的重要动力。

7.4.2 机遇分析

7.4.2.1 自然资源机遇

原材料是中药制造企业生存和发展的基础，是天士力发展的必要条件之一。在中药原材料价格整体不断上涨的情况下，天士力大力发展种植基地，提高公司需要的丹参等主要原材料的供应量和质量，为天士力的正常生产创造了有利条件。

7.4.2.2 科学技术机遇

天士力利用高散液相色谱法（HPLC）、气相色谱法（GC）、气质联用法（GC—MS）等技术来控制质量，利用先进萃取技术、分子分散技术、中药指纹图谱技术提高中药有效成分和含量。正是借助现代科学技术手段，1997 年 12 月 9 日，复方丹参滴丸得以药品身份正式通过美国食品药品监督管理局（FDA）的临床用药申请，成为中国第一例中药、全世界第一例治疗心脑血管疾病的复方草药制剂通过美国 FDA 新药临床试验（IND）审批的药品，实现了中药进入世界医药主流市场的历史性突破。

7.4.2.3 政治经济制度机遇

国家调整军队经营企业政策，为天士力的制度创新创造有利条件。国家对发明者实施奖励政策，为闫希军夫妇通过购买天士力股权，最后取得对天士力的控制权创造了条件。政府在科技创新方面推行的优惠政策，政府对中药行业发展的扶持，为天士力这样的中药生产企业的发展创造了有利条件。政府对医药行业监管力度加大，行业准入门槛提高，加强环境保护，劳动保障方面立法，整顿医药市场秩序，为天士力这样的优秀企业在公平竞争中发展壮大提供了更多的机遇。

7.4.2.4 社会文化机遇

随着健康观念的变化，绿色医药消费逐渐成为趋势，同时企业社会责任观念的普及以及人们文化素质的提高，使人们对中药有了更多的认同，使天士力这样的优秀企业得到更多人的认可，给天士力可持续创新提供了更多的机遇。

7.4.2.5 市场需求机遇

随着老龄化时代的到来，心脑血管病人不断增多。同时，国家医疗改革、医药改革的实施和城镇化等政策，以及社会对中药认同感的增强，扩大了药品市场需求。市场需求的扩大，为天士力的可持续创新提供了更多的机遇。

7.4.3 能力分析

7.4.3.1 知识创新能力

天士力按照“大病种、大品种、系列化”的研发思路，形成了心脑血管系统用药、胃肠肝胆系统用药、肿瘤与免疫系统用药、抗病毒与感冒药四大系列的产品体系。为了开发拥有自主知识产权的核心技术，天士力建立了自己的研发机构，天士力技术中心成为国家科技部和国家发改委认定的技术中心。2000年底，经国家人事部批准，天士力建立了博士后流动站和信息工作站。按照“不求所在，但求所用，成果所有，利益共享”的合作原则，天士力与国内外科研机构开展了广泛的合作，形成了核心机构与外围机构、自主研究与合作研究、基础研究与应用研究相结合的科技创新体系。目前天士力已经与中国药科大学、英国Aston大学等国内外许多著名高等院校和研究机构建立了广泛的联系，签订了多项研究合作协议。天士力通过新药技术转让，产品品种由2种增加至6种，产品结构由单一心脑血管药品扩展至其他领域。天士力引进多名硕士、博士、博士后，天士力中药研究所郭治昕教授是德国吕贝克医科大学博士，天士力化学研究所吕欣波教授是美国温尼克州立大学博士，天士力生物技术研究所姜燕教授是英国阿斯顿大学博士后。天士力专家委员会聘请了北欧自然疗法学会副主席祝国光教授担任顾问，负责公司产品在国外的申报，定期回国交流，参与公司发展战略的制定。截至2005年底，公司已申请国内商标26件（其中获注18件），国际商标47件（获注37件）。2005年6月，公司的“天士力”商标被国家工商总局商标局认定为第5类中成药驰名商标。截至2006年底，天士力股份公司已申请559件专利，其中创新程度高的发明专利申请537件，12件PCT（Patent Cooperation Treaty，专利合作条约）国际专利，其PCT进入国家阶段的国家和地区有近80个，并在部分国家已获授权。天士力的复方丹参滴丸、养血清脑颗粒、荆花胃康胶丸等均已获得专利权，为其国内外市场的开拓提供了保障。复方丹参滴丸为国家二级中药保护品种，1997年12月9日，复方丹参滴丸以药品身份正式通过美国食品药品监督管理局（FDA）的临床用药申请，成为中国第一例中药、全世界第一例治疗心脑血管疾病的复方草药制剂通过美国FDA新药临床试验（IND）审批的药品，实现了中药进入世界医药主流市场的历史性突破。

7.4.3.2 技术创新能力

天士力完成了国家863项目“现代中药信息化示范工程”、国家重大科技攻关课题“中药滴丸生产过程中在线检测技术研究”和美国FDA临床试验等重大创新项目；拥有复方丹参滴丸、养血清脑颗粒原料浸膏的提取技术，复方丹参滴丸、养血清脑颗粒制剂技术，复方丹参滴丸制剂设备的制造技术，复方丹参滴丸、养血清脑颗粒微电脑程控技术，复方丹参滴丸、养血清脑颗粒包装技术等专有技术；发明了复方丹参滴丸“峰值加和技术”，以“峰值面积百分比”判定指纹图谱相似度的质量控制标准，该技术有效地解决了批次之间的计算差别，是国内首创的中药质量标准控制技术方案，解决了中药国际申报的一大难题。天士力实现了对生产全过程信息自动采集和控制以及按订单柔性生产。复方丹参滴丸滴制生产线是全世界规模最大、智能化程度最高的生产线。天士力通过选用优质的低硫煤，建造封闭式的贮存系统和输送系统，降低了煤尘飞扬造成的污染。通过建设污水处理站，既满足了达标排放的需要，又达到了节约资源的目的。

天士力率先提出了中药提取 GEP 概念，并制定了严格的提取 GEP 规范，得到了国家主管部门的支持和专家学者的认同。天士力制定了国际认可的中药材种植生产质量管理规范（Good Agricultural Practice，GAP），从源头控制产品质量。利用与国际同步水平的高效液相色谱法（HPLC）、气相色谱法（GC）、气质联用法（GC—MS）等建立了指纹图谱和含量测定方法，制定中药有效成分检测标准，准确定量中药有效成分。

天士力按照医疗、OTC 和城乡三个板块，通过商务、处方药、非处方药、城乡、新品、健康服务六个专业分公司的建设，基本实现了个性化、专业化、知识化营销。已经产生收益的产品中有 6 个分别进入了《国家基本医疗保险和工伤药品目录》甲类和乙类目录。同时，天士力积极开拓国际市场。复方丹参滴丸继取得了越南、俄罗斯、古巴、韩国、阿联酋当地的药品注册后，2002 年复方丹参滴丸又以药品身份在蒙古国、中国香港地区和新加坡注册成功；先后在越南、俄罗斯、阿联酋、韩国、法国和南非建立了办事处。天士力收购荷兰神州医药中心，从事公司中医药在欧洲的注册、批发以及中医药大学建设、中医药门诊等业务。通过与中华医学会、中华药学会、中华医院管理学会合作，天士力举办了现代医院管理研修班、药品安全与 GAP 高级培训班、全国第七届心脏病学论坛、2004 年环渤海地区医院管理学术会议，树立了良好的企业形象。通过规范与投资者的沟通渠道，建立了与专业机构和投资者的良性互动交流平台。

天士力先后通过了国家 GMP、ISO9001、ISO10012、ISO14001、GB－T28001 认证，复方丹参滴丸生产管理过程通过澳大利亚治疗用品管理局 GMP 认证。天士力控股子公司天津天士力现代中药资源有限公司成为国内第一家同时通过 ISO9001、ISO14001 和 OHSAS18001 三体系及整合认证的制药企业。天士力控股子公司陕西天士力植物药业有限公司又作为首家中药材种植基地通过了国家首批 GAP 种植基地认证。

7.4.3.3 组织结构创新能力

天士力最初成立时，还是部队式的行政管理机构，到 2002 年公司上市时，已经建立了规范的现代公司治理结构。这个过程中，天士力完成了一系列的组织结构创新。在推行 MPB（Management by Project，企业项目化管理）过程中，突破原有组织结构形式，采用新的矩阵型结构，使项目经理既是项目负责人，又是业务负责人，既对项目结果负责，同时又对职能部门负责。这种矩阵型结构是天士力根据多变的环境和企业持续发展的内在需求所进行的创新，解决了以往组织结构中“一个人两个老板”的现象，使部门经理有机会通过领导和参与各种项目，获得更多领域的知识和技能，使他们的个人价值得以提高并获得职业上的发展，也使一般工作人员能够专心工作。

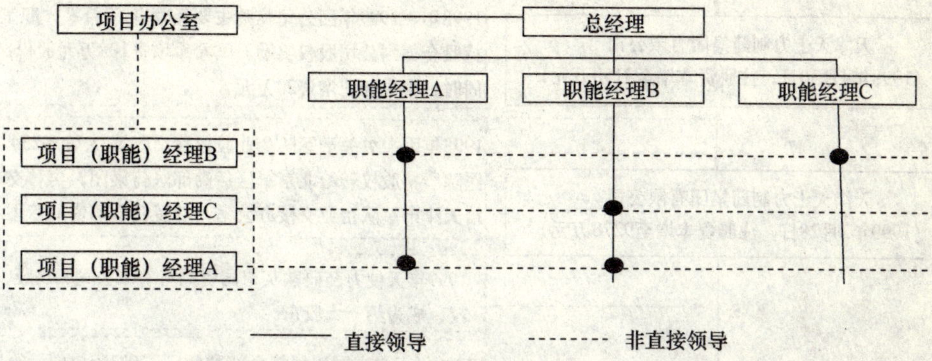

图 7.2　MPB 组织结构

7.4.3.4　企业制度创新能力

天士力前身为 1994 年 5 月 6 日成立的天津市天使力联合制药公司，经济性质为全民与全民联营企业，注册资本 1200 万元。创立至今，净利润一直高速增长，掌握复方丹参滴丸核心技术的闫希军、吴迺峰夫妇，因成功研究该产品多次受到奖励，凭借这些受奖得到的现金和股权，经过多次股权变更之后，闫希军、吴迺峰夫妇最终成为了公司的实际控制人。

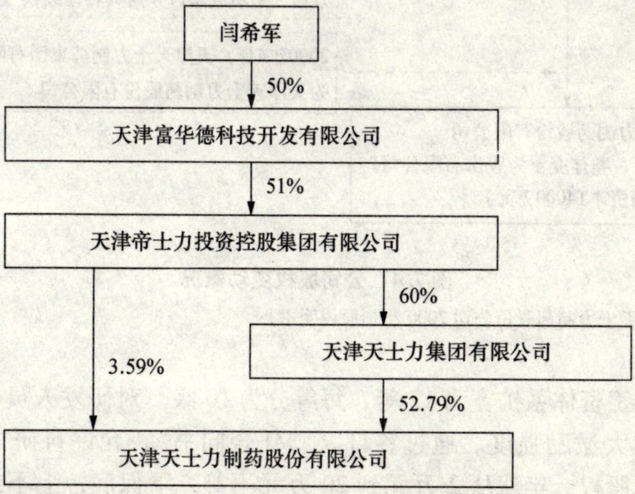

图 7.3　公司与实际控制人之间的产权及控制关系

（资料来源：2006 年天士力制药股份公司年报）

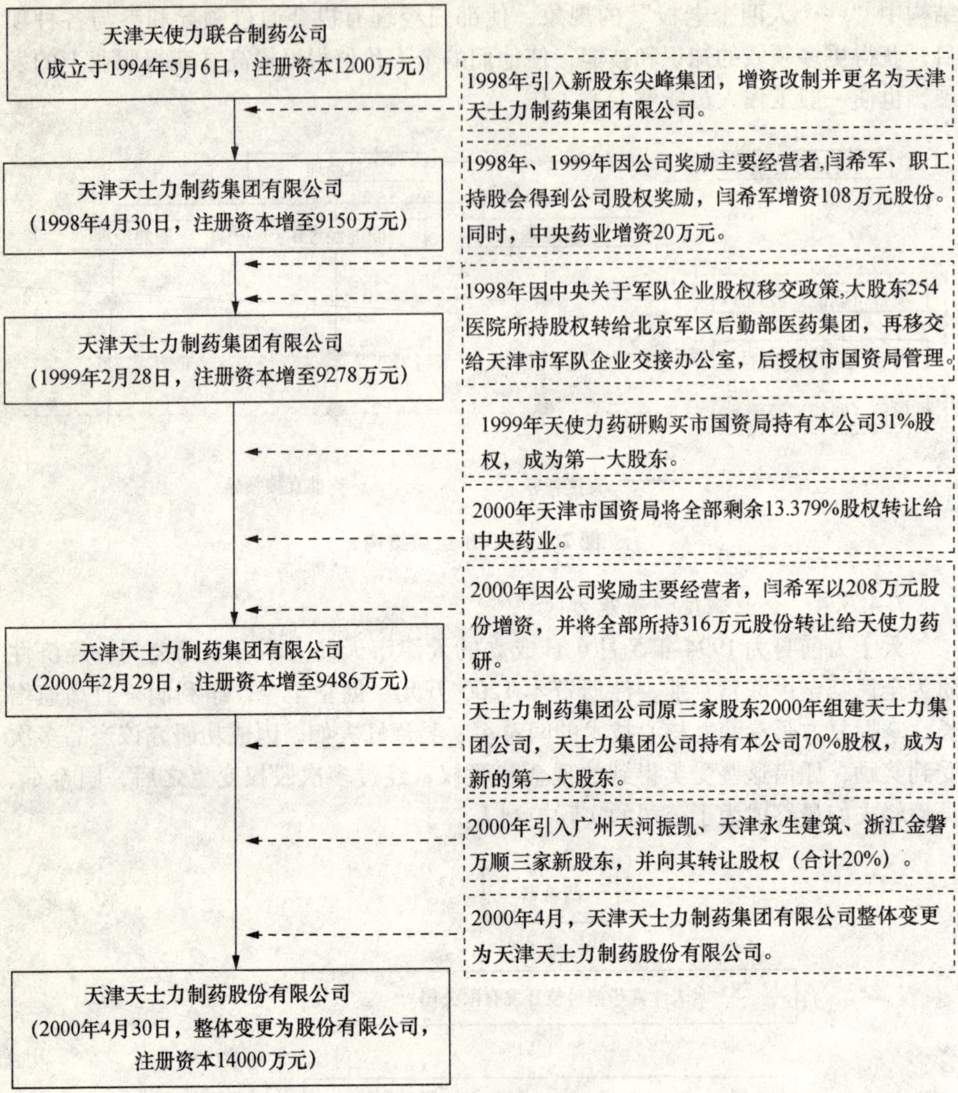

图 7.4　公司股权变动概况

（资料来源：天士力制药股份公司 2000 年招股说明书）

天士力将工资体系扩宽为 12 等，每等分为 10 级。对研发人员、市场人员设两个特区，加大激励强度。通过签订《聘任合同书》，允许科研人员以技术入股、购买技术股权，年薪从 2 万元到 20 万元不等，下保底，上不封顶，科研人员收入可以超过总裁。硕士研究生年薪不低于 5 万元，博士研究生不低于 7 万元，每年可以晋升，有突出贡献者可越级提升。工人薪资“以岗定薪、岗变薪变、竞争上岗”，使优秀员工向关键技术岗位集中。

建立人才引进制度，形成吸引人才、留住人才的环境，不断引进专家级技术人才、管理人才和资本运作人才。公司总经理李文，是毕业于英国伯明翰阿斯顿大学商学院的MBA，高级经济师，主研方向是战略管理，曾任英国葛兰素·威康制药公司的高级商务经理、欧洲MBA协会会员、中国医药质量管理协会常务理事等职。李文自2000年6月担任总经理后，把国外的先进管理经验和机制引进公司，先后组织制定下发了各类标准文件1900多个，导入ERP系统，为公司的规范化管理提供了良好的平台。2003年以后，天士力有意识地从非药品行业引进人才以增加企业的活力。

全面实施人才职业发展生涯及能力提升计划，培养面向未来发展的人才团队。职业发展分为专业技术、管理、研发三大体系，6条晋升通道（T系列：市场、专业、管理、科研、服务、技术）。组织专业技术资格认证，对研发、质量、物流、工程技术和投资证券等多个专业领域的专业技术人员进行专业知识、专业技能、职业素养和专业业绩等四个方面全面量化评估，认定相应的专业技术资格，打通“管理、专业、技术”三条员工职业发展路线。开展技术工人岗位能力评价，组织技术工人技能比武活动。天士力规定，不懂项目管理，不能当高级经理。天士力开发项目管理分级培训与内部项目经理资格认证体系，截至2004年底公司共有75位员工担任过项目经理的职务，除有8人获得IPMA认证的项目管理专家资格外，另有10人获得公司内部项目经理资格。每年天士力股份都会召开年度项目评奖大会，选出十佳项目和十佳项目经理，并从项目获得的收益中提取10%作为项目管理奖励基金，对优秀项目团队进行奖励，并选派优秀员工参加专业项目管理培训和IPMP认证。企业人员平均年龄27岁，操作工80%以上达到中专以上学历。管理层平均年龄36岁，分别来自药物研发、制剂、金融、财会等专业，具有管理企业和制定、实施战略规划的丰富经验。

实施3个坐标+业绩考核模式。3个坐标是指知识、技能、素养（品德），将年初目标承诺业绩与奖金挂钩。3个坐标是行为考核，各部门有配制式表格，按季度考核，年度分开。知识主要指本专业、本企业、本岗位所要求的信息。技能是指沟通能力，与项目的实施结合进行考核。素养指领导力，进行360°评估。

天士力人事部设员工关系专员，在员工入职培训、转正考核、定级、办理社会保险以及思想波动时，保证及时沟通。员工关系专员通过经常开座谈会，提建议意见，使员工心情舒畅。

天士力建立了专利情报数据库，根据研发目标及生产经营战略，积极开展情报收集、情报加工、动向分析、追踪调查、专利调查等情报服务。公司采取多种形式普及专利及其他知识产权知识，提高全体职工特别是决策人员、科技人员对专利、知识产权知识的掌握和运用水平。天士力将专利状况指标及专利管理要求纳入各研究所和各子公司有关负责人年度考核目标，要求核心技术人员与公司签署《保证书》，对其在职、离职期间使用公司商业秘密和技术进行约束。实施中药网络模式专利保护，建立了由“核心专利、外围专利、防御专利、竞争专利”构成的复合型、网状保护体系，解决了中药内容复杂、专利不易保护的难题。

天士力项目管理占公司工作量的一半，各个层次的管理者有一半时间在做和项目相关的工作。天士力将公司战略分解为项目，将以部门目标为中心转换为以项目为中心，这样一来，职能部门经理既是项目负责人又是业务负责人，对部门业务负责的同时也对项目结果负责。项目来源分为三类：A 级项目是企业发展战略所计划的由上而下准备实施的项目；B 级项目是将新产品研发、产业化、工艺技术创新中一次性的、具有明确目标、预算和进度要求的，原被视为职能管理活动的任务或潜藏在日常基层作业活动中跨部门的一次性的工作转化为项目，按项目管理的专业化技术和方法由临时指定的项目经理领导下的项目团队在确定的资源、预算和进度内完成预期的目标；C 级项目是通过 TPM 获奖提案申请，将提案中要实施的建议内容设立为项目，由提案人作为项目经理报送项目立项计划，批准后实施。

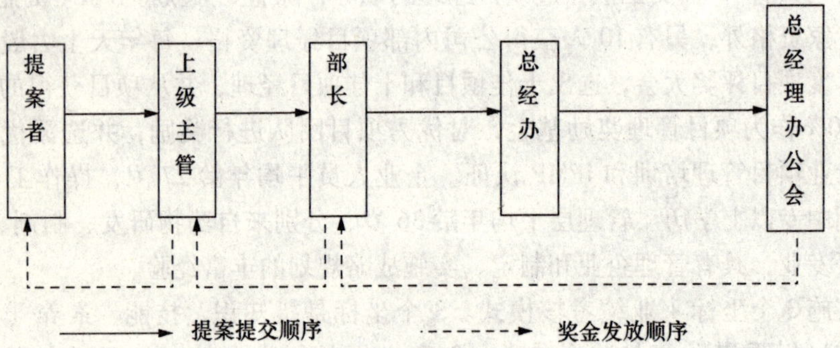

图 7.5　TPM 提案管理流程

天士力将 TPM 提案表设计为管理、技术与其他三类，分别以绿、蓝、粉三种颜色进行区分，将提案放置在员工餐厅入口，使员工随时可取。设计了提案管理程序，按提案的创新性和可实施性制定了评分标准、奖励标准及优秀提案报告会制度。每月由总经办汇总当月各部门的提案交总经理办公会评选，当月根据提案的独创性、推广意义、可行性以及改善效果评分，选出的最高奖在 TPM 园地和《天士力报》上展示，优秀提案由提案人申请作为项目立项并报费用预算，进入 MBP 项目管理程序，按项目进行实施。未获奖的提案将得到总经理亲笔签名的感谢信和纪念品。每两月组织一次提案报告会，让优秀提案人通过报告与其他员工分享提案成果，让最基层的员工能够通过提案参与企业的技术改进和管理活动，培养员工自主发现、思考、改进的具有创新精神内涵的企业文化，让员工在活动中感受到责任、价值、尊重和成就感。对成功的创新项目作为案例，组织大家交流，互相启发。

表 7.1 TPM 奖励表

得分	50 分以下	51 ~60	61 ~70	71 ~80	81 ~90	91 ~94	95 分以上
级别	6	5	4	3	2	1	特别奖
奖金	50	100	200	300	500	800	2000

以项目管理的方式来应对企业环境的复杂变化，加快了信息的接受和处理速度，促进了跨部门知识的快速传递，使企业能更快地抓住由变化带来的各种机遇，同时也培养了员工的创新精神，给员工带来了薪资以外的成就感和更多的发展机遇，使公司的管理更加灵活高效。

7.4.3.5 企业文化创新能力

天士力领导层很早就意识到了企业文化建设的重要性。公司董事长闫希军说：“药品的经营是人道与天道、自然与人为相通的一门学问。一流企业应该打文化战，我们有源远流长的中医药文化，我们就有足够的信心与国外企业进行竞争。”闫希军常说，三流企业卖劳力，二流企业卖产品，一流企业卖技术，超一流企业卖标准、专利和文化。公司副总裁张建忠说：“没有文化的军队是愚蠢的军队，没有文化的企业是愚蠢的企业”，“创建百年不倒的品牌，必须靠文化”，“企业不可能永远一帆风顺，在走入低谷时，只能靠企业文化”。总经理李文说：“中医药是构筑中国参与未来国际竞争的国家竞争力，如何使中国屹立于世界之林，使五千年博大精深的中医药文化发扬光大是我们的使命。非凡的使命聚集一群非凡执著的人，组成了拥有现代企业管理经验的天士力制药股份有限公司管理团队。我们不觉得是在做工作，我们不求名，不求利，我们在从事一份有意义的事业。我们始终相信，非凡执著一定成就非凡使命”。

走进天士力，立刻就可以看到反映其企业文化的多处建筑。其中最突出的由“天”、“人”、英文字母“A”和金字塔图形有机结合而成的标志性建筑。“天”字代表天士力“追求天人合一，提高生命质量”的企业理念，也体现了“人与天地相参”的中医药基本理论。由金字塔演化成的三角形，表现天士力坚实稳固和奋发向上的精神。三角形上“天”“人”二字幻化出的两个“A”，表现天士力人“创立中药第一名牌、创立国内一流中药厂”的奋斗目标。《中华医药图》是第一座刻画中医药历史的浮雕巨作，再现了源远流长的中医药辉煌史，凝聚了五千年中医药文明精华，具有很大的震撼力和感染力。这座浮雕2001年3月被载入吉尼斯世界纪录。归心坛寓意以人为本、海纳百川的胸怀和人才观，体现了存在本原、阴阳虚实、万物蓬勃的深邃哲理，预示着辉煌悠久的中医药文化依托现代科技之力，将走向新的高峰。

通过与天士力人交谈，可以直接地感受到天士力人的特质。首先，天士力人工作都很严谨。无论是从精神面貌还是行为习惯，他们很细致、很严格，令行禁止。第二，天士力人学习意愿特别强。笔者在调研期间，可以深切地感到，天士力人都很上进、很容易沟通、很愿意与人讨论新问题。第三，天士力人很有团队精神。天士力人都很为自己的企业、自己的事业、自己的领导人自豪，对闫希军、李文等企业领导人很尊重、很佩服，他们觉得这种氛围很舒服。调研中发现，在每一个工作部门，都可以感受到闫希军等企业家的影响。在天士力人的心中，他们的成功归功于三个方面：一是他们的领头人有战略眼光，能把握企业发展方向，雷厉风行，关注细节，对节能、环境污染特别重视，开放意识强，不固步自封；二是产品功效好，具有竞争产品难以匹敌的优势（竞争产品有100多种）；三是开放，积极引进高级人才，一个人才带起一个团队，形成稳定的金字塔型人才结构。

更深一层看，这些特质反映了天士力人基本价值观的一致性。诚信、进取、严谨、团队精神成为天士力人的基本共识。这些共识来自天士力更深层的基本理念。天士力的基本理念体现为天人合一，自强有为。这种理念的形成与天士力及其领导者成长历程有着密切的关系。天士力的领导人闫希军夫妇是中医药专家，现在又从事中药发展事业，而中医药本身与中国传统文化精神是一致的，中国传统文化中内含强烈的天人合一的世界观和以造福天下为己任的人生观。闫希军夫妇有多年的军旅生涯，军旅生涯培养了他们及早期天士力团队（军官和志愿兵）的严谨、坚强、拼搏进取的精神，这种精神是天士力企业文化的重要组成部分。天士力的企业文化给人一种安静、和谐、进取和轻松快乐的感觉。

天士力文化的形成，是企业长期以来在理念、制度、行为三个层次不断努力的结果。在理念层次，天士力通过岗前培训、平时强化，让广大员工接触、认识、理解企业基本理念。闫希军一再强调“我们是军人，退伍不退役”。新员工进入天士力后首先要接受军事训练，还要通过领导的验收。闫希军还亲自为刚进入企业的大学生讲授军事课程。在制度层次，公司强调员工要一切行动听指挥，视“规章制度”为铁的纪律，制订《员工手册》发给每个员工。在这些规定中，不仅规定了人员的工作职责，还规定了对员工着装、举止、作息、卫生、日常行为等细致具体的要求。规章制度让员工进一步认同、熟悉企业的价值准则。在行为层次，天士力通过党、团、工会系统，组织员工参与多种形式的活动来丰富员工的文化生活，体验企业的文化氛围，感悟企业的文化理念。天士力通过创办《天士力报》，评选天士力创业功勋，举办中医药文化节，组织员工参与“黄陵追寻民族之根、商洛追寻中药之根、延安追寻艰苦奋斗精神之根”等活动，以及举办企业庆典、仪式，让参与者感受到一种神圣、虔诚，并在这种神圣和虔诚中，体味到背后的文化理念。

公司董事长闫希军曾经感慨地说：“通过这八年的实践，我体会到管理创新是一切创新的基础。天士力过去从理顺产权关系开始，到成功的文化建设和人才的吸纳激励，再到借力资本运营，这些都是在管理上的变革。这些变革为天士力的发展奠定了良好的基础，没有这些，天士力至今也许只是个小厂，根本谈不上国际化。”

7.4.4 定量分析

7.4.4.1 定量分析

运用第四章的定量计算方法，分别得到企业可持续创新动力、机遇和能力以及这三者综合效应的评价值：$D_{动力}=7.02$、$O_{机遇}=7.74$、$A_{能力}=6.4$、$Y_{综}=6.86$。计算过程详见附录。

7.4.4.2 对评价结果的讨论

从以上计算可以看到，$D_{动力}=7.02$、$O_{机遇}=7.74$、$A_{能力}=6.4$、$Y_{综}=6.86$的值都大于“一般”的对应值5，这说明专家对天士力可持续创新的动力、机遇、能力及产生的综合效应的评价都比较高，其中$O_{机遇}>D_{动力}>A_{能力}$，这说明在专家看来，机遇在天士力可持续创新实现中作用最为突出。综合效应值是动力、机遇和能力产生的综合效果，综合效应值与三者之间耦合程度有关，同时还与对各指标选取的权重有关，因此不能将此值与动力、机遇和能力评价值进行比较，$Y_{综}$大于5，说明天士力实现可持续创新的趋势很强，并且动力、机遇和能力有较好的耦合。

必须指出的是，综合效应值$=D\cdot O\cdot A$（其中D、O、A分别代表动力、机遇、能力对创新实现的贡献）一式，并不是一般意义的代数公式，而是体现了动力、机遇、能力的相互关系，当D、O、A的值大于5时，都对总效益有贡献，表明相互之间起到加强作用。而这里相互加强作用并不是D、O、A值所表示的这种倍数关系，因为D、O、A值是为研究方便而在给定的评价级尺度上得到的，实际相互加强作用效果可能远大于这个值或远小于这个值。显然这只是一个初步的定量评价。

7.4.5 讨论

从以上分析可以看到，天士力始终将经济、社会和环境效益视为一体，在这个实现综合效益的过程中，动力、机遇、能力是缺一不可的，这三者起到了相互促进、相互加强的作用。调研中发现，在天士力发展早期，以闫希军为代表的早期创业者所具备的企业家精神以及对心脑血管药品的巨大需求是企业主要的创新动力，复方丹参滴丸及其生产技术是其创新能力的重要标志，国家政策和市场需求是主要的创新机遇。随着企业发展壮大，企业的创新动力更多地体现在企业内部，具体表现为企业的所有者、管理者和员工在经济、社会和环境效益追求方面较高的认同，企业的创新能力得到了全面的提高，组织结构创新、制度创新和文化创新能力处于更为突出的地位。随着国家政策的不断完善，企业创新的机遇更多地体现在对自然资源和科学技术的获取以及社会文化的进步方面。在任何时期，天士力动力、机遇和能力都保持了较好的匹配，从而使天士力在可持续创新得以顺利进行。

天士力要实现经济、社会和环境的整体收益，仍然面临困难与风险。从以上评价结果可以看到，相对于其他两个要素来说，天士力的能力并不是十分强劲，虽然其现有产品极具竞争力，但产品结构单一、企业业绩对一种产品的依赖度过大的问题仍然十分突出。此外，从西方现代科学角度看，中药复方作用机理解释不清，中药有效成分的鉴定异常困难，这给其产品进入西方发达国家市场带来许多困难。而且由于中药新药研究耗资巨大，中药厂之间普遍存在拼成本、拼价格的现象，因此，天士力新产品的开发和进入市场存在较大难度。同时，企业生命周期理论告诉我们，一个企业初创时往往具有更强的活力和凝聚力，企业家精神更为突出，但企业发展到一定规模后或发展到一定阶段，就容易得上“大企业病”，企业发展减缓。如何保持旺盛的可持续创新动力，不断提升可持续创新能力，争取更多的可持续创新机遇，是天士力今后需要不断思考的问题。

天士力创始人闫希军夫妇具有很强的治病救人、造福世人的动机，这使他们刻苦钻研，研发能力不断增强，终于开发出疗效好的中药产品。而这种能力和动力，促使其产生了市场创新的动力，国家相关制度又给予了很好的机遇，天士力得以诞生。随着企业不断发展，他们个人的动力、机遇、能力逐步转化为企业的动力、机遇和能力，从整体上看，天士力的动力、能力、机遇及其带来的经济、社会、整体效益相互加强，保持着协调发展的良好势头。这种可持续性来源于企业的深层价值观，这种深层价值观又源于中国中医药传统文化。笔者在天士力调研时曾经询问天士力李文总经理：你们为什么会同时关注经济、社会和环境问题？李文不假思索地说：没有什么特别的理由，我们是做中药的，做这些是很自然的。看似很平常的话，却不能不引人深思。中国传统中医药文化的核心思想就是：尊重生命，尊重自然，天人相应。这也正是天士力可持续创新得以初步实现的根本原因。因此，虽然天士力还面临许多的困难和挑战，但从其成长过程来看，企业有自己的核心技术和拳头产品，尤其是在天士力十几年的发展过程中，形成了可持续性强的企业文化和企业制度，并培养和锻炼了一支年轻、优秀的员工队伍，已经为进一步可持续创新打下了坚实的基础。

7.5 本章小结

企业可持续创新动力、机遇和能力相互依存，相互作用。企业可持续创新的实现是动力、机遇和能力共同作用的结果。由于人具有主观能动性，以人为核心的要素在不同的层次中都处于中心地位。动力、机遇、能力三者关系中，机遇、能力是非常重要的必要条件，动力是前提，没有动力，机遇和能力的作用难以发挥，动力起着决定性的作用。从根本上说，企业可持续创新的理论依据是可持续发展理论。动力不足是中国企业可持续创新当前面临的突出问题，本章对中国企业可持续创新动力不足的原因进行了简要分析，并提出政策建议。

8 结论与展望

8.1 结论及创新点

人类的需要是理解与解释人类一切活动的钥匙。可持续发展的最终目的是让人类世世代代能够幸福和繁荣，这是一个长期、宏伟的集体目标。可持续发展是一种新的发展理念、发展模式，也是一种新的意识形态。可持续发展是科技、经济、社会发展到一定阶段，人类对自己、社会和自然环境重新思考后的结果，而到目前为止，可持续发展还只是一个共识、一个共同的梦想，并没有变成人类的共同行动，更不是最终结果。可持续发展意味着需要对现有管理思想、管理理论、管理模式进行重新思考。

涌泉式增长是可持续发展的必然选择，可持续创新是涌泉式增长的源泉。企业层面的可持续创新对可持续发展有着重要的意义。企业是市场的细胞，创新是企业经济效益增长的源泉和企业得以长期发展的根本途径。随着内外部条件的变化，企业创新的内涵也在不断变化。企业可持续创新意味着企业的创新目标、创新过程、创新结果需要符合可持续发展要求。企业的特殊地位决定了企业在可持续发展中担负着举足轻重的角色。企业可持续创新的实现，受多种因素的制约，动力、机遇和能力是企业可持续创新实现的基本要素。企业要实现可持续创新，关键在于能有足够强大而持久的动力、机遇和能力。无论是从理论还是现实来看，企业可持续创新都处于一种探索阶段，本书只是一个初步探讨。本书以分析和满足人的需要为中心，以企业可持续创新的实现为目标，在前人工作的基础上，对企业可持续创新的实现机理展开了系统的理论分析和实证研究，建立一个企业可持续创新实现机理基本理论框架。具体来说，主要完成了以下几个方面的工作：

一是在回顾文献的基础上，对企业可持续创新的基本特征和相关概念的内涵进行分析，对企业可持续创新实现机理相关概念进行了界定。与企业持续创新不同，企业可持续创新强调创新的目标是实现经济、社会和环境整体效益的增长。

这一概念是对企业持续创新概念的扩展。企业可持续创新意味着创新目标、创新过程、创新结果应符合可持续发展要求。企业可持续创新具有时代性、全球性、系统性、多目标性、人文特征和可持续特性。

二是基于企业可持续创新的定义，本书对企业可持续创新动力、机遇和能力进行了重新解释。本书指出，企业可持续创新的目标是追求经济、环境和社会整体效益，与仅强调企业经济效益目标的企业创新相比，企业可持续创新的实现需要更为强大的动力和能力以及更多的机遇。

本书强调人的需要是企业可持续创新动力的真正源泉，企业可持续创新要充分发挥人的主观能动性和创造性。由于企业可持续创新结果具有很强的正的外部性，这使得企业可持续创新必然与更广泛人群发生联系，因此，企业可持续创新动力所涉及的人不仅仅限于企业成员。对企业可持续创新而言，"政府人"、"社会人"、"市场人"和"企业人"这几个群体发挥着突出的推动作用。基于心理学和行为科学基本理论，本书揭示了以上群体的构成、作用形式和动机并进行了分析，在此基础上构建了包括"政府人"、"社会人"、"市场人"和"企业人"在内的企业可持续创新动力系统，并运用模糊评价方法，建立了企业可持续创新动力评价模型。

在文献分析和实践研究的基础上，本书以企业外部的自然资源、科学技术、政治经济制度、社会文化和市场需求为研究对象，完成了对企业可持续创新机遇的分析。企业可持续创新机遇体现在自然资源带来的可持续创新机遇、科学技术带来的可持续创新机遇、政治经济制度带来的可持续创新机遇、社会文化带来的可持续创新机遇、市场需求带来的机遇这样几个方面。自然资源带来的可持续创新机遇包括耗竭性资源带来的可持续创新机遇、非耗竭性资源带来的可持续创新机遇；科学技术带来的可持续创新机遇包括科学研究带来的可持续创新机遇、技术发展带来的可持续创新机遇；政治经济制度带来的可持续创新机遇包括与企业履行经济、社会、环境责任相关的法律带来的可持续创新机遇、与企业履行经济、社会、环境责任相关的政策带来的可持续创新机遇；社会文化带来的可持续创新机遇包括基本理念带来的可持续创新机遇、核心价值观带来的可持续创新机遇、伦理带来的可持续创新机遇、器物建设带来的可持续创新机遇。基于上述分析，构建了企业可持续创新机遇系统，并运用模糊评价方法，建立了企业可持续创新机遇评价模型。

在文献分析和实践研究的基础上，本书以企业内部知识创新、技术创新、组织结构创新、企业制度创新、企业文化创新为研究对象，完成了对企业可持续创新能力的分析。企业可持续创新能力反映了人对资源的占有和利用水平，能力的差异是企业之间产生差异的根本原因。企业可持续创新能力具有综合性、相关性和可持续特性。企业可持续创新能力体现在可持续的知识创新能力、可持续的技术创新能力、可持续的组织结构创新能力和可持续的企业制度创新能力、可持续的企业文化创新能力这样几个方面。可持续的知识创新能力包括体现在科研机构建设水平、科研人员科研能力、信息渠道建设水平、可持续的科学研究成果等方面；可持续的技术创新能力包括可持续的产品创新能力、可持续的工艺创新能力、可持续的市场创新能力；可持续的组织结构创新能力体现在可持续的组织结构设计能力、可持续的组织结构变革实施能力、组织结构效率等方面；可持续的企业制度创新能力体现在可持续的制度设计能力、可持续的制度变革实施能力、制度的效率等方面；可持续的企业文化创新能力包括可持续的器物建设水平、可持续的核心价值观建设水平、可持续的基本理念。基于上述分析，构建了企业可持续创新能力系统，建立了企业可持续创新能力评价模型。

三是基于以上对企业可持续创新动力、能力和机遇的分析，本书运用企业理论、创新理论、系统理论和可持续发展理论的基本思想，对企业可持续创新动力、机遇、能力的作用与相互关系以及这三者产生的综合效应进行了综合性分析。本书强调指出，企业可持续创新的实现是企业可持续创新动力、机遇和能力共同作用的结果，三者缺一不可。企业可持续创新动力、机遇、能力之间的关系，深层次看，是人的需要、企业和企业外部资源企业之间关系的反映，更深层次地看，是人、人制造的工具、人生存的环境三者之间关系的反映。因此，从根本上说，企业可持续创新的理论依据是可持续发展理论。也就是说，经济、社会、环境效益的整体协调增长是人类社会得以长期存在与发展的前提，企业经济、社会、环境整体效益的增长，是企业得以持续发展的前提。基于以上理论分析，运用模糊评价方法，建立了企业可持续创新动力、机遇和能力的综合效应评价模型。

四是运用以上理论分析的成果和定量分析模型，完成了典型案例研究。以天士力制药股份公司可持续创新实践为重点，对我国优秀的、初步实现了可持续创新的企业进行了分析，揭示我国企业可持续创新实现的动力、能力、机遇相互作用、相互耦合的基本规律，并根据本书新建的定量评价模型对天士力可持续创新动力、机遇、能力及它们产生的综合效应进行了定量评价，并对评价结果进行了分析。本书特别强调，动力在动力、机遇、能力三者关系中处于主导地位和基础性地位，是能力、机遇发生作用的前提。在此基础上，对中国企业可持续创新动力不足的原因进行了分析，并提出了政策建议。本书完成的以上工作，基本形成了一个较系统的企业可持续创新实现机理理论体系。

8.2 展望

管理的终极目标，应当是为了提升人类的生活品质，促进人类社会和谐与共同进步。[329]人是经济活动的主体，自然界从来不会主动地满足人，人只能自己满足自己，这是因为，一方面引起稀缺性的主要原因在人，在人的欲望；另一方面解决稀缺性的手段也在人。所以，减少稀缺性以满足人类不断增长的需求的根本出路在于提高人类自身的能力。[330]人的未来仍然取决于人自身的主动性和创造性。

8.2.1 几点说明与需要深入的工作

一是关于指标体系的说明。对动力的分析，是建立在现代心理学研究成果的基础上，因此，对指标的分解，涉及均衡作用以下更深层的分析，已经不属于心理学范畴，不再讨论。对机遇指标的分析，分解到关于人的动机时，即不再细分。对能力指标体系分析，主要考虑其可观测性。显然，有必要在今后对这些分析内容进行深化研究。二是关于企业可持续创新实现机理定量分析模型。本书对企业可持续创新动力、机遇和能力的定量分析，是在前人研究的基础上，根据新的案例研究结果，进行了一个初步分析，主要目的是为了建立一个初步的分析框架，为以后的分析提供参考。很显然，不同的国家、不同的企业，相关参数都不相同，而且这些指标主观性较强，目前还没有一个统一的标准和系统的统计数据，需要在以后积累更多的、系统的经验数据，以找出内在的规律，特别是加强企业之间定量比较分析的研究，这正是今后需要开展的重要工作。三是关于较多引用了西方学者的观点和企业实践。这样做主要出于几个方面的考虑：第一，西方经历了长时期市场经济的发展，市场和企业都较为成熟，在可持续创新方面积累了较多的经验；第二，中国正在建立社会主义市场经济体制，而市场经济体制下企业社会责任、企业伦理理念大多来自西方发达国家，这些发达国家相关文献及企业的实践都较为丰富，可供借鉴和学习；第三，中国企业相关数据目前较难进行系统收集，特别是当前人们的价值观正处于急剧的调整变化之中，企业行为十分复杂。近年来，中国政府在环境保护、社会公平方面做了大量的工作，中国的许多企业在履行社会责任方面做了大量的工作，社会责任在中国的企业中正产生越来越大的影响。从中国企业创新实践中总结经验，进一步探讨中国企业可持续创新的基本规律，是今后的重要工作。

总的来看，本书完成了对企业可持续创新实现机理理论上的探索和案例的研究，但只是一个初步的探讨。根据拉卡托斯的观点，新理论要取代旧理论，必须具备以下条件：第一，新理论应该比旧理论具有更多的经验内容；第二，新理论应该解释旧理论原先的成功；第三，新理论多于旧理论的经验内容得到了观察和实验的确证，[331] 因此，更多的工作需要在以后去完成。

8.2.2 对未来的展望

人类文明历经几千年的变迁，并没有形成统一的意识形态和价值取向，也没有发现能使自己走上幸福之路的终极真理。虽然科学和技术取得了巨大的进步，物质和精神财富得到极大增长，人的物质和精神生活条件得到普遍改善，但人类对生活并不满意。人一直在寻找与自然界、与他人以及自身内在的和谐。哈耶克指出，正是由于人所面对的世界难以预测，因此，人对世界的探索应该是自由的，正是这种自由的、向着不同方向的探索，才使人类一次次走出困境。也就是说，人的生活方式的复杂性将长期存在，人对幸福的探索没有止境。可持续发展理念的诞生，就是源于试图解决人类面临的长期利益与短期利益、整体利益与局部利益、当代利益与后代利益的矛盾。经验告诉我们，人对自然具有巨大的破坏能力，同时对痛苦也有很强的承受能力，人类也有很强的自我约束能力和自救能力。这是可持续发展的希望所在，也是企业可持续创新实现的可能性所在。

企业可持续创新依然面临重重困难。我们正处于一个过渡的时代，旧规则已经不适用于新环境，而新规则还没有完全成型。[332] 在解释与认识现象时，人们总是企图揭示更深层次、更根本的原因，以便能够更准确地把握事物发展变化的基本规律，获得具有普遍指导意义的真理，以预测未来，主宰自己的生活。而在实践中，在具体的执行与操作的时候，往往只能遵循最简单、最实用的规则，因为在复杂而变化的现实中，并没有足够的时间或机会去做深入的分析，去获得完全的信息与充分的准备。因此，理论与现实总是存在着深刻的矛盾，这也是研究与实践的重要区别，也是各自的意义所在。老子讲，上士闻道，勤而习之；中士闻道，若存若亡；下士闻道，大笑之，不笑不足以为道。① 也就是说，人与人在认识上和行为上都存在巨大的差异，即使真理摆在人的面前，并不是人人都愿意照着去做、人人都能做到。人与人、梦想与现实、认识与行为存在巨大的差异。企业也是如此，不同的企业对待可持续发展的态度、行为方式以及所具备的能力和面对的环境也有着重大差异。对贪婪的克制，既要靠理性的、道德的自觉，也需要外部的、强制性的约束。人如何最大限度地发挥自身以及工具和环境的潜力，如何最大限度地约束自己和相互约束，或者说如何在差异中建构和形成一种和

① 老子. 道德经，第 41 章。

谐，是人类可持续发展需要解决的问题，也是企业可持续创新需要不断思考的问题。“从本质上看，特别是从人类历史发展的必然趋势看，经济与道德是共同承托和推动人类文明发展的两个历史巨大车轮。经济与道德不仅可以并行不悖，而且是相互依托、相互促进的。没有道德的经济不可能是完善的，更不可能达到理想境界；缺乏经济效率的道德一定是有缺陷的，更不可能造就完善人格。”[333]一些优秀的企业会自觉把可持续创新作为自己的目标，遵守企业道德，履行社会责任，把经济、社会和环境效益作为自己的目标。找寻增长的涌泉，走涌泉式增长之路。一些企业将在经济、环境、社会效益权衡中摇摆。还有一些企业为经济利益而不择手段。由于世界的复杂和信息不对称长期存在，人与人的差异长期存在，这种选择的多样性将长期存在。企业可持续创新的实现需要人们长期不懈地共同努力。

附录 天士力可持续创新动力、机遇、能力及其综合效应评价

先根据第 4 章介绍的德尔菲法，确定天士力可持续创新动力、机遇、能力指标权重。本次专家小组由 12 名专家组成，进行了三轮调查，经整理得到下表：

企业可持续创新动力指标权重表：

上一级指标	指标	权重
企业可持续创新动力	“政府人”可持续创新动力	0.1
	“社会人”可持续创新动力	0.1
	“市场人”可持续创新动力	0.2
	“企业人”可持续创新动力	0.6
“政府人”可持续创新动力	利他主义者和志愿惩罚者可持续创新动力	0.6
	条件合作者可持续创新动力	0.3
	理性利己主义者可持续创新动力	0.1
“社会人”可持续创新动力	非政府组织可持续创新动力	0.3
	媒体与学术机构可持续创新动力	0.5
	普通大众可持续创新动力	0.2
“市场人”可持续创新动力	消费者可持续创新动力	0.3
	供应商可持续创新动力	0.1
	现有竞争者可持续创新动力	0.3
	潜在进入者可持续创新动力	0.1
	替代品生产者可持续创新动力	0.2
“企业人”可持续创新动力	投资者可持续创新动力	0.3
	管理者可持续创新动力	0.5
	普通雇员可持续创新动力	0.2

企业可持续创新机遇指标权重表：

上一级指标	指标	权重
企业可持续创新机遇	自然资源机遇	0.05
	政治经济制度机遇	0.05
	科学技术机遇	0.15
	社会文化机遇	0.05
	市场需求机遇	0.70
自然资源机遇	耗竭性资源机遇	0.8
	非耗竭性资源机遇	0.2
科学技术机遇	科学机遇	0.4
	技术机遇	0.6
政治经济制度机遇	法律机遇	0.5
	政策机遇	0.5
社会文化机遇	社会基本理念机遇	0.2
	社会核心价值观机遇	0.3
	社会伦理机遇	0.3
	社会文化器物建设机遇	0.2

企业可持续创新能力指标权重表：

上一级指标	指标	权重
企业可持续创新能力	可持续的知识创新能力	0.1
	可持续的技术创新能力	0.3
	可持续的组织结构创新能力	0.2
	可持续的企业制度创新能力	0.3
	可持续的企业文化创新能力	0.1
可持续的知识创新能力	科研机构建设能力	0.2
	科研人员能力	0.3
	信息渠道建设能力	0.2
	科学研究成果	0.3

续表

上一级指标	指标	权重
可持续的技术创新能力	产品创新能力	0.4
	工艺创新能力	0.3
	市场创新能力	0.3
可持续的组织结构创新的能力	组织结构设计能力	0.3
	组织结构变革实施能力	0.3
	组织结构的效率	0.4
可持续的企业制度创新能力	企业制度设计能力	0.3
	企业制度变革实施能力	0.3
	制度的效率	0.4
可持续的企业文化创新能力	企业文化器物建设	0.2
	企业核心价值观	0.4
	企业基本理念	0.4

一、对动力的综合评价

对动力三级指标由10名企业内部专家参加评定。经整理得到初步调查表：

指标 \ 评价人认为 \ 评语		很强	强	一般	弱	很弱
“政府人”可持续创新动力	利他主义者和志愿惩罚者可持续创新动力		6	4		
	条件合作者可持续创新动力	1	5	4		
	理性利己主义者可持续创新动力		4	3	2	1
“社会人”可持续创新动力	非政府组织可持续创新动力	1	5	3	1	
	媒体与学术机构可持续创新动力		4	6		
	普通民众可持续创新动力		6	3	1	

续表

指标 \ 评价人认为 \ 评语		很强	强	一般	弱	很弱
“市场人”可持续创新动力	消费者可持续创新动力	5	4	1		
	供应商可持续创新动力	1	4	5		
	现有竞争者可持续创新动力	5	3	2		
	潜在进入者可持续创新动力	2	7	1		
	替代品生产者可持续创新动力	3	6	1		
“企业人”可持续创新动力	投资者可持续创新动力	2	5	3		
	管理者可持续创新动力	5	5			
	普通雇员可持续创新动力		7	2	1	

对政府人而言，令 $a_{11}=\frac{r_{ij}}{r}$，则得到隶属函数如下：

指标 \ 评价人认为 \ 评语	很强	强	一般	弱	很弱
利他主义者和志愿惩罚者可持续创新动力	0	0.6	0.4	0	0
条件合作者可持续创新动力	0.1	0.5	0.4	0	0
理性利己主义者可持续创新动力	0	0.4	0.3	0.2	0.1

由上表可得模糊矩阵：

$$R=\begin{bmatrix}0 & 0.6 & 0.4 & 0 & 0\\ 0.1 & 0.5 & 0.4 & 0 & 0\\ 0 & 0.4 & 0.3 & 0.2 & 0.1\end{bmatrix}$$

根据由德尔菲法得到的专家意见，三因素的权重为 $w=(0.6\quad 0.3\quad 0.1)$。根据模糊乘积的定义，$G=w\cdot R$，

$g_{ij}=\bigcup_k (w_{ik}\cap r_{kj})$

g_{11} = （0.6∩0）∪（0.3∩0.1）∪（0.1∩0），同理可得 g_{12}、g_{13}。

于是“政府人”动力的综合评判值 G =（0.1 0.6 0.4 0.1 0.1）

对 G 进行标准化后，G =（0.08 0.46 0.30 0.08 0.08）

根据给定的评价级尺度 h =（9/很强 7/强 5/一般 3/弱 1/很弱），则可将综合评价模糊值转换为一个确定的标量值：

$G = h \cdot G^T = 5.74$

7 > 5.74 > 5，即“政府人”动力在一般与强之间。

同理，可求出“社会人”动力、“市场人”动力、“企业人”动力 S、M、E。

对“社会人”动力而言，根据由德尔菲法得到的专家意见，三因素的权重 w =（0.3 0.5 0.2）

S = w · R =（0.1 0.4 0.5 0.1 0），同上将其转化为一个确定的标量值，得到 S = 5.9

7 > 5.9 > 5，由此可以看到，“社会人”动力在一般到强之间。

对“市场人”动力而言，根据由德尔菲法得到的专家意见，五因素的权重 w =（0.3 0.1 0.3 0.1 0.2）

M = w · R =（0.3 0.3 0.2 0 0），同上将其转化为一个确定的标量值，得到 M = 7.25

9 > 7.25 > 7，由此可见，“市场人”动力在强和很强之间。

对“企业人”动力而言，根据由德尔菲法得到的专家意见，三因素的权重 w =（0.3 0.5 0.2）

E = w · R =（0.5 0.5 0.3 0.1 0），同上将其转化为一个确定的标量值，得到 E = 7

由此可以看到，“企业人”动力在强和很强之间。

在此基础上，进行二次模糊评价：

根据由德尔菲法得到的专家意见，“政府人”、“社会人”、“市场人”、“企业人”四因素的权重为 f =（0.1 0.1 0.2 0.6），由上表可得模糊矩阵：

$$Z = \begin{bmatrix} 0.1 & 0.6 & 0.4 & 0.1 & 0 \\ 0.1 & 0.4 & 0.5 & 0.1 & 0 \\ 0.3 & 0.3 & 0.2 & 0 & 0 \\ 0.5 & 0.5 & 0.3 & 0.1 & 0 \end{bmatrix}$$

于是企业可持续创新动力的综合评判为：

D = f · Z = (0.5 0.5 0.3 0.1 0)

将 D 进行标准化后，D =（0.36 0.36 0.21 0.07 0）

根据给定的评价级尺度 h =（9/很强 7/强 5/一般 3/弱 1/很弱），则可将综合评价模糊值转换为一个确定的标量值：

$D_{动力}=h\cdot D^{T}=7.02$

9 >7.02 >7，总的来看，企业可持续创新动力在很强和强之间，相对而言，来自“市场人”、“企业人”的动力又比来自“政府人”和“社会人”的动力要强。

二、对机遇的综合评价

当10个评价人全部填好后，经整理得到初步调查表：

指标 \ 评价人认为 \ 评语		很强	强	一般	弱	很弱
自然资源机遇	耗竭性资源机遇		6	4		
	非耗竭性资源机遇		3	7		
科学技术机遇	科学机遇	3	6	1		
	技术机遇	4	5	1		
政治经济制度机遇	法律机遇	3	5	2		
	政策机遇	1	7	2		
社会文化机遇	社会基本理念机遇	2	4	3	1	
	社会核心价值观机遇	2	5	2	1	
	社会伦理机遇	2	4	4		
	社会文化器物建设机遇	2	1	5	2	
市场需求机遇	市场需求机遇	7	3			

对自然资源机遇而言，根据由德尔菲法得到的专家意见，两因素的权重为 w =（0.8 0.2）

于是自然资源机遇的综合评判为（模糊运算）：

N = w · R =（0 0.6 0.4 0 0）

根据给定的评价级尺度 h =（9/很强 7/强 5/一般 3/弱 1/很弱），则可将综合评价模糊值转换为一个确定的标量值，得到 N = 6.4

7 >6.4 >5，自然资源机遇强度在一般和强之间。

对科学技术而言，根据由德尔菲法得到的专家意见，两因素的权重为 w =（0.4 0.6）

T = w · R =（0.4 0.5 0.1 0 0），同上可得到一个标量值：T = 7

9 >7.6 >7，科学技术机遇强度在强和很强之间。

对政治经济制度而言，根据由德尔菲法得到的专家意见，两因素的权重为 w = (0.5　0.5)

I = w · R = (0.3　0.5　0.2　0　0)，同上可得到一个标量值：I = 7.2

9 >7.2 >7，政治经济制度机遇强度在强和很强之间。

对社会文化而言，根据由德尔菲法得到的专家意见，四因素的权重为 w = (0.2　0.3　0.3　0.2)

L = w · R = (0.2　0.2　0.3　0.2　0)，同上可得到一个标量值：L = 5.3

7 >5.3 >5，社会文化机遇强度在一般和强之间。

对市场需求而言，Q = (0.7　0.3　0　0　0)，同上可得到一个标量值：Q = 8.4

9 >8.4 >7，市场需求机遇强度在强和很强之间。

在此基础上，进行二次模糊评价：

根据由德尔菲法得到的专家意见，自然资源、科学技术、政治经济制度、社会文化、市场需求五因素的权重为 f = (0.05　0.05　0.15　0.05　0.70)，可以得到企业可持续创新实现机遇的综合评判为：

O = f · Z = (0.7　0.3　0.15　0.05　0)

将 O 进行标准化后，O = (0.58　0.25　0.13　0.04　0)

根据给定的评价级尺度 h = (9/很强　7/强　5/一般　3/弱　1/很弱)，则可将综合评价模糊值转换为一个确定的标量值：

$O_{机遇} = h \cdot O^T = 7.74$

9 >7.74 >7，这说明机遇在强和很强之间，相对而言，市场需求、科学技术机遇和政治经济制度机遇较好。

三、对能力的综合评价

当 10 个评价人全部填好后，经整理得到初步调查表：

指标 \ 评价人认为 \ 评语		很强	强	一般	弱	很弱
可持续的知识创新能力	科研机构建设能力		7	3		
	科研人员科研能力		9	1		
	信息渠道建设能力	3	3	4		
	科学研究成果		8	2		

续表

指标	评价人认为＼评语	很强	强	一般	弱	很弱
可持续的技术创新能力	产品创新能力	2	6	2		
	工艺创新能力	2	7	1		
	市场创新能力	4	5	1		
可持续的组织结构创新能力	组织结构设计能力	1	4	5		
	组织结构变革实施能力	3	6	1		
	组织结构的效率	3	4	3		
可持续的企业制度创新能力	企业制度设计能力	3	4	3		
	企业制度变革实施能力	1	7	2		
	企业制度的效率	3	3	3	1	
可持续的企业文化创新能力	企业文化器物建设	2	3	2	2	
	企业核心价值观	3	5	1		
	企业基本理念	3	2	4		

对知识创新而言，根据由德尔菲法得到的专家意见，四因素的权重为 w =（0.2　0.3　0.2　0.3）

于是知识创新能力的综合评判为（模糊运算）：

J = w · R =(0.2　0.3　0.2　0　0)

将 J 进行标准化，并根据给定的评价级尺度 h =（9/很强　7/强　5/一般　3/弱　1/很弱），则可将综合评价模糊值转换为一个确定的标量值：J =7

由此可以看到，组织结构创新能力在强这个起点上。

对技术创新能力而言，根据由德尔菲法得到的专家意见，三因素的权重为 w =（0.4　0.3　0.3）

K = w · R =(0.3　0.4　0.2　0　0)

同上可将综合评价模糊值转换为一个确定的标量值：K =7.22

9 >7.22 >7，由此可以看到，企业技术创新能力在强和很强之间。

对组织结构创新能力而言，根据由德尔菲法得到的专家意见，三因素的权重为 w =（0.3　0.3　0.4）

U = w · R =(0.3　0.4　0.3　0　0)

同上可将综合评价模糊值转换为一个确定的标量值：U =7

由此可以看到，组织结构创新能力在强这个起点上。

对企业制度创新能力而言，根据由德尔菲法得到的专家意见，三因素的权重为 w = (0.3　0.3　0.4)

V = w · R = (0.3　0.3　0.3　0.1　0)

同上可将综合评价模糊值转换为一个确定的标量值：V = 6.6

7 > 6.6 > 5，由此可以看到，企业制度创新能力在一般和强之间。

对企业文化创新能力而言，根据由德尔菲法得到的专家意见，四因素的权重为 w = (0.2　0.4　0.4)

X = w · R = (0.3　0.4　0.4　0.1　0)

同上可将综合评价模糊值转换为一个确定的标量值：X = 6.5

7 > 6.5 > 5，由此可以看到，企业文化创新能力在一般和强之间。

在此基础上，进行二次模糊评价：

根据由德尔菲法得到的专家意见，知识创新能力、技术创新能力、组织结构创新能力、企业制度创新能力、企业文化创新能力五因素的权重为 f = (0.1　0.3　0.2　0.3　0.1)，可以得到企业可持续创新实现能力的综合评判为：

A = f · Z = (0.3　0.3　0.3　0.1　0)

根据给定的评价级尺度 h = (9/很强　7/强　5/一般　3/弱　1/很弱)，则可将综合评价模糊值转换为一个确定的标量值：

$A_{能力} = h \cdot A^{T} = 6.4$

7 > 6.4 > 5，也就是说，能力在强和一般之间，并更接近于强。

四、对动力、机遇、能力综合效应评价

据由德尔菲法得到的专家意见，动力、机遇、能力三因素的权重为 f = (0.45　0.30　0.25)，由 D = (0.36　0.36　0.21　0.07　0)，O = (0.58　0.25　0.13　0.04　0)，A = (0.3　0.3　0.3　0.1　0)，可以得到企业可持续创新实现综合效应：

Y = f · Z = (0.36　0.36　0.25　0.10　0)

将 Y 进行标准化后，Y = (0.34　0.34　0.23　0.09　0)

根据给定的评价级尺度 h = (9/很强　7/强　5/一般　3/弱　1/很弱)，则可将综合评价模糊值转换为一个确定的标量值：

$Y_{综} = h \cdot Y^{T} = 6.86$。

这里 7 > 6.86 > 5，说明综合效应在一般到强之间，更接近于强。

参考文献

［1］李立清，李燕凌．企业社会责任研究［M］．北京：人民出版社，2005：序第1页．

［2］金黛如（Daryl Koehn）．发展增长的伦理．载陆晓禾，金黛如主编．经济伦理、公司治理与和谐社会［C］．上海：上海社会科学出版社，2005：503、506.

［3］阿里·德赫斯．长寿公司［M］．王晓霞，刘昊译．北京：经济日报出版社，1998：3～12.

［4］柯林斯等．基业长青［M］．真如译．北京：中信出版社，2002：59.

［5］周海林．可持续发展原理［M］．北京：商务印书馆，2004：191.

［6］李正风，曾国屏．中国创新系统研究——技术、制度与知识［M］．济南：山东教育出版社，1995：12.

［7］Horbach，Jens（Eds）．Indicator Systems for Sustainable Innovation［C］．Germany：Physica－Verlag Heidelberg，2005：3，1.

［8］POSTI，1999［EB/OL］．http：//www. essst. uio. no/posti/.

［9］Horbach，Jens（Eds）．Indicator Systems for Sustainable Innovation［C］．Germany：Physica－Verlag Heidelberg，2005：3.

［10］林恩·夏普·佩因．公司道德：高绩效企业的基石［M］．杨涤等译．北京：机械工业出版社，2004：90.

［11］林恩·夏普·佩因．公司道德：高绩效企业的基石［M］．杨涤等译．北京：机械工业出版社，2004：93，142.

［12］叶子青，钟书华．欧盟的绿色技术创新［J］．中国人口，2003（6）．

［13］孙延臣，杨松，秦书生．国内外企业绿色技术创新现状分析［J］．辽宁省社会主义学院学报，2004（1）．

［14］周锦尉．构建和谐社会要注重"双刃剑"的负面问题．载陆晓禾，金黛如主编．经济伦理、公司治理与和谐社会［C］．上海：上海社会科学出版社，2005：523.

［15］潘岳．环境经济政策体系是解决环保问题最有效手段［EB/OL］．中国

水网 http：//news. h2o - china. com/information/china/661291198892402_ 1. shtml，2008 年 5 月 5 日.

[16] WTO 经济导刊，2008（1 ~2）.

[17] 中国企业联合会可持续发展工商委员会网站 [EB/OL]. http：//www. cbcsd. org. cn.

[18] 中国 21 世纪议程管理中心，环境无害化技术转换中心编. 中国可持续商业发展案例 [M]. 北京：化学工业出版社，2005：前言.

[19] 王志乐. 新一轮竞争规则 [EB/OL]. http：//finance. sina. com. cn/leadership/msypl/20061231/09003211729. shtml，2008 年 3 月 12 日.

[20] 向刚，龙江. 国有企业持续创新过程的运行规律、发展趋势和管理机制建设探讨 [J]. 经济问题探索，2002（1）.

[21] 李立清，李燕凌. 企业社会责任研究 [M]. 北京：人民出版社，2005：序，35 ~37.

[22] 林恩·夏普·佩因. 公司道德：高绩效企业的基石 [M]. 杨涤等译. 北京：机械工业出版社，2004：149.

[23] 向刚，洪洁，徐建华. 企业绿色持续创新理论与应用初探 [J]. 昆明理工大学学报，2002.

[24] 林恩·夏普·佩因. 公司道德：高绩效企业的基石 [M]. 杨涤等译. 北京：机械工业出版社，2004：25，243，30.

[25] 赵细康. 环境保护与产业国际竞争力：理论与实证分析 [M]. 北京：中国社会科学出版社，2003：8 ~13.

[26] James E. Post，Anne T. Lawrence. James Weber. Business and Society：Corporate Strategy，Public Policy，Ethics [M]. New York：McGraw - Hill，2002，65.

[27] 吴仪. 原国家药监局长郑筱萸案暴露监管漏洞 [EB/OL]. 来源：中国新闻网，http：//news. 163. com/07/0208/17/36QVAGRA000120GU. html.

[28] 多家药企卷入郑筱萸腐败案　公司老总纷纷隐匿 [EB/OL]. 来源：第一财经日报，http：//news. sina. com. cn/c/h/2007 - 02 - 08/032912258645. shtml.

[29] 温家宝主持国务院常务会　研究郑筱萸案件查处 [EB/OL]. 来源：新华网，http：//news. tom. com/2007 - 01 - 25/OI27/33880485. html.

[30] 郑筱萸案举报人高纯上访诉讼 12 年自称不后悔 [EB/OL]. 南方报业网——南方人物周刊，http：//news. tom. com/2007 - 02 - 27/07AI/85443954. html.

[31] 吴仪称郑筱萸案暴露出监管制度旧疾 [EB/OL]. http：//news. sina. com. cn/c/2007 - 02 - 09/091811203936s. shtml.

[32] 吴仪痛陈药品监管漏洞　透明度不足造成暗箱操作 [EB/OL]. 来源：

第一财经日报，http：//news. sina. com. cn/c/h/2007－02－09/015912268008. shtml.

［33］国家药监局高官落马调查：欣弗等事件曝光问题［EB/OL］. 来源：南方日报，http：//news. sina. com. cn/c/h/2007－01－07/092711971845. shtml.

［34］吴仪谈加强食品药品整治和监管［EB/OL］. 来源：新华网，http：//news. sina. com. cn/c/2007－02－08/165012266482. shtml.

［35］最高人民检察院公报［EB/OL］. 2007（6）.

［36］张智慧. 郑筱萸：丧钟为谁而鸣［J］. 中国医疗前沿，2008（1）.

［37］吉朝珑. 从郑筱萸案看我国举报人保护的缺失及立法的紧迫性［J］. 党课，2007（10）.

［38］文化剖析：邓正红“三刀”砍向国企 企业文化［EB/OL］. http：//www. cnshu. cn/info/qywh/137919. shtml，来源：精品资料网.

［39］向刚. 企业持续创新［M］. 北京：科学出版社，2006：90，110～104.

［40］向刚. 企业持续创新［M］. 北京：科学出版社，2006：30～31.

［41］向刚. 企业持续创新［M］. 北京：科学出版社，2006：93.

［42］李正风，曾国屏. 中国创新系统研究——技术、制度与知识［M］. 济南：山东教育出版社，1995：5，6，10.

［43］张维迎. 产权、激励与公司治理［M］. 北京：科学出版社，2005：前言.

［44］李正风，曾国屏. 中国创新系统研究——技术、制度与知识［M］. 济南：山东教育出版社，1995：19.

［45］王建国. 中国经济学家与管理学家的错位［J］. 北大商业评论，2004（3）.

［46］王建国. 千万别把经济学家错当管理学家［J］. 中国社会科学院院报，2005（1）.

［47］孙继伟. 经济学与管理学的重大区别［J］. 经济学家，1998（3）.

［48］郭咸纲. 西方管理学说史［M］. 北京：中国经济出版社，2003：导言.

［49］迈克尔·波特. 竞争论［M］. 北京：中信出版社，2003：导论.

［50］伊查克·爱迪斯. 企业生命周期［M］. 北京：华夏出版社，2003：第一章.

［51］阿里·德赫斯. 长寿公司［M］. 王晓霞，刘昊译. 北京：经济日报出版社，1998：前言.

［52］阿玛尔·毕海德. 新企业的起源与演进［M］. 魏如山，马志英译. 北京：中国人民大学出版社，2004：23，绪论第2～3页.

［53］林恩·夏普·佩因. 公司道德：高绩效企业的基石［M］. 杨涤等译. 北京：机械工业出版社，2004：242，165.

［54］王建国. 中国经济学家与管理学家的错位［J］. 北大商业评论，2004（3）.

［55］阿玛尔·毕海德．新企业的起源与演进［M］．魏如山，马志英译．北京：中国人民大学出版社，2004：前言第4页．

［56］张维迎．理性思考中国改革［EB/OL］．http：//theory. people. com. cn/GB/41038/4235320. html，2008. 3. 10.

［57］王建国．中国经济学家与管理学家的错位［J］．北大商业评论，2004（3）.

［58］汪丁丁．持续增长以创新为基础［EB/OL］．腾讯财经，http：//finance. qq. com/a/20051021/000535. htm.

［59］刘培哲等．可持续发展理论与中国21世纪议程［M］．北京：气象出版社，2001：15.

［60］滕藤，郑玉歆主编．可持续发展的理念、制度与政策［C］．北京：社会科学文献出版社，2004：前言第3页．

［61］刘培哲等．可持续发展理论与中国21世纪议程［M］．北京：气象出版社，2001：9.

［62］周海林．可持续发展原理［M］．北京：商务印书馆，2004：199.

［63］刘培哲等．可持续发展理论与中国21世纪议程［M］．北京：气象出版社，2001：9，31.

［64］周海林．可持续发展原理［M］．北京：商务印书馆，2004：导言第46页．

［65］刘培哲等．可持续发展理论与中国21世纪议程［M］．北京：气象出版社，2001：11.

［66］周海林．可持续发展原理［M］．北京：商务印书馆,2004：241，242，229，导言第42、43页．

［67］滕藤，郑玉歆主编．可持续发展的理念、制度与政策［C］．北京：社会科学文献出版社，2004：前言第5页．

［68］刘培哲等．可持续发展理论与中国21世纪议程［M］．北京：气象出版社，2001：21.

［69］迈尔斯．社会心理学（第8版）［M］．侯玉波等译．北京：人民邮电出版社，2006：471.

［70］滕藤，郑玉歆主编．可持续发展的理念、制度与政策［C］．北京：社会科学文献出版社，2004：前言第6页．

［71］丽丝．自然资源：分配经济学与政策［M］．蔡运龙等译．北京：商务印书馆，2002：570.

［72］刘培哲等．可持续发展理论与中国21世纪议程［M］．北京：气象出版社，2001：9.

［73］周海林．可持续发展原理［M］．北京：商务印书馆，2004：236.

［74］周海林．可持续发展原理［M］．北京：商务印书馆，2004：导言第46页．

［75］Jan Fagerberg，David C. Mowery，Richard R. Nelson. The Oxford Handbook of Innovation［M］. Oxford University Press，2005：1，4.

［76］约瑟夫·熊彼特．经济发展理论［M］．北京：商务印书馆，1990：17~18，73~74.

［77］向刚．企业持续创新［M］．北京：科学出版社，2006：14.

［78］约瑟夫·熊彼特．经济发展理论［M］．北京：商务印书馆，1990：103~105.

［79］诺思．经济史中的结构与变迁［M］．上海：上海三联出版社，1991：186.

［80］许庆瑞．企业经营管理基本规律与模式［M］．杭州：浙江大学出版社，2001.

［81］傅家骥，姜彦福，雷家啸．技术创新——中国企业发展之路［M］．北京：企业管理出版社，1991.

［82］向刚，李振国，董建华等．持续创新：玉溪卷烟厂发展之路，1995年10月在浙江大学"技术与创新管理国际研讨会"上的论文［C］.

［83］郭斌，许庆瑞．企业组合创新研究［J］．科学学研究，1997（1）．

［84］Eric Von Hipple. The Sources of Innovation［M］. Oxford University Press，USA. September 22，1994.

［85］Lundvall，B－A.（ed.）. National Systems of Innovation—Towards a Theory of Innovation and Interactive Learning［C］. London，Pinter Publishers，1992. 2nd paperback edition，1995，1992.

［86］Freeman C. Technology Policy and Economic Performance：Lessons from Japan［M］. London：Pinter Publishers，1987.

［87］POSTI，1999［EB/OL］. http：//www. essst. uio. no/posti/.

［88］向刚．企业持续创新［M］．北京：科学出版社，2006：39.

［89］李正风，曾国屏．中国创新系统研究——技术、制度与知识［M］．济南：山东教育出版社，1995：20.

［90］戴布拉．创新高速公路——构筑知识创新与知识共享的平台［M］．北京：知识产权出版社，2005：1.

［91］Jan Fagerberg，David C. Mowery，Richard R. Nelson. The Oxford Handbook of Innovation［M］. Oxford University Press，2005：12.

［92］汪应洛主编．系统工程理论、方法与应用（第2版）［M］．北京：高等教育出版社，1998：2，3，5.

［93］陈森发编著．复杂系统建模理论与方法［M］．南京：东南大学出版社，2005：3.

［94］王其藩．高级系统动力学［M］．北京：清华大学出版社，1995：5.

［95］王其藩．高级系统动力学［M］．北京：清华大学出版社，1995：8.

［96］陈森发编著．复杂系统建模理论与方法［M］．南京：东南大学出版社，2005：5.

［97］王其藩．高级系统动力学［M］．北京：清华大学出版社，1995：6～15.

［98］唐凯麟．导论：建构现代和谐社会的基石．载陆晓禾，金黛如主编，经济伦理、公司治理与和谐社会［C］．上海：上海社会科学出版社，2005：9～10.

［99］王志乐．新一轮竞争规则［EB/OL］．http：//finance. sina. com. cn/leadership/msypl/20061231/09003211729. shtml，2008年3月12日．

［100］滕藤，郑玉歆主编．可持续发展的理念、制度与政策［C］．北京：社会科学文献出版社，2004：前言第7页．

［101］远德玉，李兆友，夏保华．企业创新论——企业的生存和发展之道［M］．济南：山东教育出版社，2001：180～181.

［102］向刚．企业持续创新［M］．北京：科学出版社，2006：31.

［103］陈发斌．试论绿色创新及其激励机制［J］．软科学，1999（3）．

［104］向刚．企业持续创新［M］．北京：科学出版社，2006：39～40.

［105］Jan－Frens van Giessel，Geert van der Veen（ed）．Policy Instruments for Sustainable Innovation.

［106］Thomas Dyllick，Kai Hockerts，Beyond the Business Case for Corporate Sustainability［J］. Business Strategy and the Environment；Mar/Apr 2002；11，2；ABI/INFORM Global pg. 130.

［107］现代汉语词典修订第3版［M］．北京：商务印书馆，1997.

［108］罗竹风主编．汉语大词典［M］．上海：汉语大词典出版社，1989：第4册第1328页．

［109］钱穆．中国思想通俗讲话［M］．北京：生活·读书·新知三联书店，2002：2～19.

［110］郭咸纲．西方管理学说史［M］．中国经济出版社，2003：序第1页．

［111］库恩（Dennis Coon）．心理学导论：思想与行为的认识之路（第9版）［M］．郑钢等译．北京：中国轻工业出版社，2004：455.

［112］郭咸纲．西方管理学说史［M］．中国经济出版社，2003：220.

［113］张春兴．现代心理学——现代人研究自身问题的科学［M］．上海：上海人民出版社，1994：490.

[114] 向刚．企业持续创新［M］．北京：科学出版社，2006：91.

[115] 傅家骥主编，仝允桓等编著．技术创新学［M］．北京：清华大学出版社，1998.

[116] 孙冰，李柏洲．企业技术创新动力综合评价研究［J］．哈尔滨工程大学学报，2005（6）．

[117] 许小东．技术创新的成败归因及其对创新行为的影响研究［J］．科学学与科学技术管理，2002（2）．

[118] 张维迎，盛斌．论企业家：经济增长的国王［M］．北京：生活·读书·新知三联书店，2004：62.

[119] 向刚．企业持续创新［M］．北京：科学出版社，2006：93.

[120] 李垣．企业技术创新机制论．西安：西安交通大学出版社，1994，转引自向刚．企业持续创新［M］．北京：科学出版社，2006：92.

[121] 张春兴．现代心理学——现代人研究自身问题的科学［M］．上海：上海人民出版社，1994：490.

[122] 库恩（Dennis Coon）．心理学导论：思想与行为的认识之路（第9版）［M］．郑钢等译．北京：中国轻工业出版社，2004：455.

[123] 张春兴．现代心理学——现代人研究自身问题的科学［M］．上海：上海人民出版社，1994：490～491.

[124] 库恩（Dennis Coon）．心理学导论：思想与行为的认识之路（第9版）［M］．郑钢等译．北京：中国轻工业出版社，2004：456.

[125] 张春兴．现代心理学——现代人研究自身问题的科学［M］．上海：上海人民出版社，1994：492～493.

[126] 库恩（Dennis Coon）．心理学导论：思想与行为的认识之路（第9版）［M］．郑钢等译．北京：中国轻工业出版社，2004：456.

[127] 张春兴．现代心理学——现代人研究自身问题的科学［M］．上海：上海人民出版社，1994：489，465，491.

[128] 斯蒂芬·P. 罗宾斯，玛丽·库尔特．管理学（第7版）［M］．孙健敏等译．北京：中国人民大学出版社，2004：453.

[129] 马斯洛．人的动机理论．载林方主编．人的潜能和价值——人本主义心理学译文集［C］．北京：华夏出版社，1987：164，175，172.

[130] 马斯洛．高级需要与低级需要．载林方主编．人的潜能和价值——人本主义心理学译文集［C］．北京：华夏出版社，1987：201～207.

[131] 马斯洛．超越性动机论——价值生命的生物基础．载林方主编，人的潜能和价值——人本主义心理学译文集［C］．北京：华夏出版社，1987：223～224.

[132] J. Rowan. Ascent and Descent in Maslow's Theory [J]. Journal of Humanistic Psychology, Summer 1999, 125-133.

[133] Van Boven, L., & Gilovich, T. (2003). To do or to have? That is the question [J]. Journal of Personality and Social Psychology, 85, 1193-1202.

[134] D. C. McCelland. The Achieving Society [J]. New York: Van Nostrand Reinhold, 1961.

[135] J. W. Atkinson and J. O. Raynor. Motivation and Achievement [M]. Washington. DC: Winston, 1974.

[136] 张春兴．现代心理学——现代人研究自身问题的科学 [M]．上海：上海人民出版社，1994：518，517.

[137] 斯蒂芬·P. 罗宾斯，玛丽·库尔特．管理学（第7版）[M]．孙健敏等译．北京：中国人民大学出版社，2004：457.

[138] 迈尔斯．社会心理学（第8版）[M]．侯玉波等译．北京：人民邮电出版社，2006：31，100，131，222.

[139] Brauer, M., Judd, C. M., & Gliner, M. D. (1995). The effects of repeated expressions on attitude polarization during group discussions [J]. Journal of Personality and Social Psychology, 68, 1014-1029.

[140] Esses, V. M., Dovidio, J. F., Danso, H. A., Jackson, L. M., & Semenya, A. (2004). Historical and modern perspectives on group competition. In C. S. Crandall & M. Schaller (Eds.), The social psychology of prejudice: Historical perspectives. Seattle [C]. WA: Lewinian Press.

[141] Turner, J. C. (1984). Social identification and psychological group formation. In H. Tajfel (Ed.), The social dimensions: European developments in social psychology, vol. 2 [C]. London: Cambridge University Press.

[142] Lyubomirsky, S. (2001). Why are some people happier than others? The role of cognitive and motivational processes in well-being [J]. American Psychologist, 56, 239-249.

[143] Hagerty, M. R. (2000). Social comparisons of income in one's community: Evidence from national surveys of income and happiness [J]. Journal of Personality and Social Psychology, 78, 764-771.

[144] 迈尔斯．社会心理学（第8版）[M]．侯玉波等译．北京：人民邮电出版社，2006：481，483.

[145] 张春兴．现代心理学——现代人研究自身问题的科学 [M]．上海：上海人民出版社，1994：494.

［146］George A. Steiner & John F. Steiner，1997. Business，Government，and Society：A Managerial Perspective，Text and Cases（8th ed）［M］. New York：McGraw – Hill Companies，6 – 15

［147］李立清，李燕凌．企业社会责任研究［M］．北京：人民出版社，2005：序，69.

［148］潘恩．潘恩选集——人权论［M］．马清槐等译．北京：商务印书馆，1982：229.

［149］哈拉尔德·米勒．文明的共存：对亨廷顿“文明冲突论”的批判［M］．郦红等译．北京：新华出版社，2002：50，57.

［150］卢代富．企业社会责任的经济学与法学分析［M］．北京：法律出版社，2002：161.

［151］李金．中国社会组织的二元性及其问题［J］．改革，1991（6）.

［152］国家环境保护总局《WTO 新一轮谈判环境与贸易问题研究系列丛书》编委会编．WTO 新一轮谈判环境与贸易问题研究［M］．北京：中国环境科学出版社，2005：87.

［153］林恩·夏普·佩因．公司道德：高绩效企业的基石［M］．杨涤等译．北京：机械工业出版社，2004：129.

［154］林恩·夏普·佩因．公司道德：高绩效企业的基石［M］．杨涤等译．北京：机械工业出版社，2004：112，83.

［155］V. Lee Hamilton and Joeph Sanders. Corporate Crime through Citizens' Eyes：Stratification and Responsibility in the United States，Russia，and japan［J］. Law & Society Review，vol. 30（1996），pp. 513 ~ 547，at p. 530

［156］李立清，李燕凌．企业社会责任研究［M］．北京：人民出版社，2005：序，第 34 页．

［157］李立清，李燕凌．企业社会责任研究［M］．北京：人民出版社，2005：序，第 31 页．

［158］United Nations Global Compact. The Nine Principles［J］. http：// www. unglobalcompact. org/AboutTheGC/TheTenPrinciples/principle9. htm/，Global Compact Web page，March 4，2008.

［159］Caux Round Table. Principles for Business［EB/OL］. http：// www. cauxroundtable. org/cauxchinese，Caux Round Table Web page，March 4，2008.

［160］Organization for Economic Co – operation and Development. The OECD Guidelines for Multinational Enterprises，OECD online，revised in 2000［J］. http：//

www. oecd. org/daf/investment/guidelines/mnetext. htm March 4, 2008.

[161] Global Reporting Initiative. The GRI Guidelines, GRI Web page, 2000 [EB/OL]. http: //globalreporting. org/GRIGuidelines/index. htm, March 4, 2002.

[162] World Business Council for Sustainable Development, Report by Richard Holme and Phil Watts. Why Corporate Social Responsibility Makes Good Business Sense [EB/OL]. January 2000. http: //www. wbcsd. org/newscenter/releases. htm, March 4, 2002.

[163] 李立清，李燕凌．企业社会责任研究［M］．北京：人民出版社，2005：序，绪论第3页．

[164] 哈拉尔德·米勒．文明的共存：对亨廷顿“文明冲突论”的批判［M］．郦红等译．北京：新华出版社，2002：59.

[165] 郑磊，石洋．KD玩具厂：切实履行责任　抢占市场先机［J］．WTO经济导刊，2006（12）．

[166] 王君安．环境NGO对公众参与的促进行为［J］．中国环境管理干部学院学报，2007（6）．

[167] 陈球，曾德军．报道公共突发事件,应承担激浊扬清社会责任［J］．岭南新闻探索，2007（6）．

[168] 林恩·夏普·佩因．公司道德：高绩效企业的基石［M］．杨涤等译．北京：机械工业出版社，2004：123.

[169] 燕继荣．政治学十五讲［M］．北京：北京大学出版社，2004：170.

[170] 金碚．竞争秩序与竞争政策［M］．北京：社会科学文献出版社，2005：11.

[171] 钱颖一．理解现代经济［EB/OL］．http: //bbs. jjxj. org/thread－5440－1－1. html.

[172] 滕藤，郑玉歆主编．可持续发展的理念、制度与政策［C］．北京：社会科学文献出版社，2004：前言第23～24页．

[173] 丽丝．自然资源：分配经济学与政策［M］．蔡运龙等译．北京：商务印书馆，2002：255.

[174] 林恩·夏普·佩因．公司道德：高绩效企业的基石［M］．杨涤等译．北京：机械工业出版社，2004：64～65.

[175] 丽丝．自然资源：分配经济学与政策［M］．蔡运龙等译．北京：商务印书馆，2002：257.

[176] 沈满洪．环境经济手段研究［M］．北京：中国环境科学出版社，2001：83.

［177］国家环境保护总局《WTO 新一轮谈判环境与贸易问题研究系列丛书》编委会编．WTO 新一轮谈判环境与贸易问题研究［M］．北京：中国环境科学出版社，2005：70～71．

［178］廖卫东．生态领域产权市场制度研究［M］．北京：经济管理出版社，2004：35～38．

［179］国家环境保护总局《WTO 新一轮谈判环境与贸易问题研究系列丛书》委会编．WTO 新一轮谈判环境与贸易问题研究［M］．北京：中国环境科学出版社，2005：1．

［180］国家环境保护总局《WTO 新一轮谈判环境与贸易问题研究系列丛书》编委会编．WTO 新一轮谈判环境与贸易问题研究［M］．北京：中国环境科学出版社，2005：90．

［181］丁美东．政府规制失效及其优化［J］．当代财经，2001（8）．

［182］宏泰顾问．诠释诺贝尔经济学大师的智慧［M］．北京：中国纺织出版社，2004：172．

［183］陈抗．三个和尚一定没水喝吗？［J］．科技文萃，2003（4）．

［184］曼瑟尔·奥尔森．集体行动的逻辑［M］．陈郁，郭宇峰，李崇新译．上海：上海人民出版社，1995．

［185］曼瑟尔·奥尔森．国家的兴衰：经济增长、滞胀和社会僵化［M］．李增刚译．上海：上海人民出版社，2007．

［186］曼瑟尔·奥尔森．权力与繁荣［M］．苏长和，嵇飞译．上海：上海人民出版社，2005．

［187］陈抗．三个和尚一定没水喝吗？［J］．科技文萃，2003（4）．

［188］王建国．千万别把经济学家错当管理学家［J］．中国社会科学院院报，2005（1）．

［189］王志乐．新一轮竞争规则［EB/OL］．http：//finance. sina. com. cn/leadership/msypl/20061231/09003211729. shtml，2008 年 3 月 12 日．

［190］张维迎，盛斌．论企业家：经济增长的国王［M］．北京：生活·读书·新知三联书店，2004：145．

［191］萨缪尔森（Samuelson，P. A）等著．经济学（第 16 版：英文影印版）［M］．北京：机械工业出版社，1998：26～27．

［192］加里·阿姆斯特郎，菲利普·科特勒．科特勒市场营销教程［M］．俞利军译．北京：华夏出版社，2004：16．

［193］波特，竞争战略［M］．北京：华夏出版社，1997：4．

［194］汤姆·彼得斯．从冷水中逃生：企业生存和发展的五大原则［M］．

王磊译．哈尔滨：黑龙江人民出版社，2004：178.

［195］林恩·夏普·佩因．公司道德：高绩效企业的基石［M］．杨涤等译．北京：机械工业出版社，2004：113.

［196］国家环境保护总局《WTO 新一轮谈判环境与贸易问题研究系列丛书》编委会编．WTO 新一轮谈判环境与贸易问题研究［M］．北京：中国环境科学出版社，2005：98.

［197］唐凯麟．导论：建构现代和谐社会的基石．载陆晓禾，金黛如主编．经济伦理、公司治理与和谐社会［C］．上海：上海社会科学出版社，2005：导论第 7 页．

［198］哈拉尔德·米勒．文明的共存：对亨廷顿"文明冲突论"的批判［M］．郦红等译．北京：新华出版社，2002：290～291.

［199］阿玛尔·毕海德．新企业的起源与演进［M］．魏如山，马志英译．北京：中国人民大学出版社，2004：绪论第 2 页．

［200］阿玛尔·毕海德．新企业的起源与演进［M］．魏如山，马志英译．北京：中国人民大学出版社，2004：72.

［201］林恩·夏普·佩因．公司道德：高绩效企业的基石［M］．杨涤等译．北京：机械工业出版社，2004：115～116.

［202］Jeff Frooman，Socially Irresponsible and Illegal Behavior and Shareholder Wealth［J］．Business and Society，vol36，no. 3（September 1997），pp. 221－249.

［203］张维迎，盛斌，论企业家：经济增长的国王［M］．北京：生活·读书·新知三联书店，2004：142，97～98，66.

［204］林恩·夏普·佩因．公司道德：高绩效企业的基石［M］．杨涤等译．北京：机械工业出版社，2004：36～38.

［205］林恩·夏普·佩因．公司道德：高绩效企业的基石［M］．杨涤等译．北京：机械工业出版社，2004：112，40.

［206］李立清，李燕凌．企业社会责任研究［M］．北京：人民出版社，2005：序言第 34 页．

［207］卢代富．企业社会责任的经济学与法学分析［M］．北京：法律出版社，2002：161.

［208］刘连煜．公司治理与公司社会责任［M］．北京：中国政法大学出版社，2001：5.

［209］松下幸之助．经营者 365 金言［M］．潘祖铭译．军事译文出版社，1987：17.

［210］邓正红．企业社会责任贵在坚持到底［EB/OL］．来源：精品资料

网 . http：//www. cnshu. cn/info/shzr/137544. shtml.

［211］黄津孚 . 机遇利用的定量分析研究［J］. 中国工业经济，2002（9）.

［212］马歇尔 . 产业与贸易 . 转引自张维迎，盛斌 . 论企业家：经济增长的国王［M］. 北京：生活 · 读书 · 新知三联书店，2004：43.

［213］汤姆 · 彼得斯 . 从冷水中逃生：企业生存和发展的五大原则［M］. 王磊译 . 哈尔滨：黑龙江人民出版社，2004：绪论第 8 页 .

［214］黄津孚 . 机遇管理与我国企业发展机遇分析［J］. 管理世界，2001（5）.

［215］汤姆 · 彼得斯 . 从冷水中逃生：企业生存和发展的五大原则［M］. 王磊译 . 哈尔滨：黑龙江人民出版社，2004：173～177.

［216］向刚 . 企业持续创新［M］. 北京：科学出版社，2006：104.

［217］约瑟夫 · 熊彼特 . 经济发展理论［M］. 北京：商务印书馆，1990：99.

［218］斯图尔特 · 克雷纳 . 管理大师 50 人［M］. 柳松等译 . 海口：海南出版社，2000：78.

［219］德鲁克（Drucker，P. F.）. 创新与创业精神：管理大师谈创新实务与策略［M］. 张炜译 . 上海：上海人民出版社，2002：36～135.

［220］黄津孚 . 机遇管理与我国企业发展机遇分析［J］. 管理世界，2001（5）.

［221］张维迎，盛斌 . 论企业家：经济增长的国王［M］. 北京：生活 · 读书 · 新知三联书店，2004：100，43.

［222］迈克尔 · 波特 . 竞争论［M］. 北京：中信出版社，2003：383，388.

［223］项怀诚 . 中国财政对中国环境保护的支持［C］. "全球环境基金——中国环境保护" 研讨会上的演讲，2002.

［224］丽丝 . 自然资源：分配经济学与政策［M］. 蔡运龙等译 . 北京：商务印书馆，2002：12，551.

［225］周海林 . 可持续发展原理［M］. 北京：商务印书馆，2004：324.

［226］秦益成 . 科学技术与可持续发展 . 载滕藤，郑玉歆主编 . 可持续发展的理念、制度与政策［C］. 北京：社会科学文献出版社，2004：104，107，99.

［227］丁长青主编 . 科学技术学［M］. 南京：江苏科学技术出版社，2003：83.

［228］爱因斯坦文集第 3 卷第 72 页 . 转引自丁长青主编 . 科学技术学［M］. 南京：江苏科学技术出版社，2003：237.

［229］丁长青主编 . 科学技术学［M］. 南京：江苏科学技术出版社，2003：237.

［230］丁长青主编 . 科学技术学［M］. 南京：江苏科学技术出版社，

2003：237.

［231］范巍．云南铜业艾萨炉技改项目的后评价研究［D］．昆明理工大学硕士学位论文，2008.

［232］燕继荣．政治学十五讲［M］．北京：北京大学出版社，2004：25~26.

［233］李正风，曾国屏．中国创新系统研究——技术、制度与知识［M］．济南：山东教育出版社，1995：22.

［234］林毅夫．诱致性制度变迁与强制性制度变迁．载盛洪编．现代制度经济学（下）［C］．北京：北京大学出版社，2003.

［235］金碚．竞争秩序与竞争政策［M］．北京：社会科学文献出版社，2005：4，15.

［236］李正风，曾国屏．中国创新系统研究——技术、制度与知识［M］．济南：山东教育出版社，1995：22.

［237］丽丝．自然资源：分配经济学与政策［M］．蔡运龙等译．北京：商务印书馆，2002：250.

［238］燕继荣．政治学十五讲［M］．北京：北京大学出版社，2004：序言第3页．

［239］金碚．竞争秩序与竞争政策［M］．北京：社会科学文献出版社，2005：12.

［240］张维迎．信息、信任与法律［M］．北京：三联书店，2003：59.

［241］Stefan Kuhlmann，Frieder Meyer - Krahmer（2001）．Internationalization of innovation，interdependence and innovation policy for sustainable development. Gerry Sweeney（ed），innovation，economic progress and the quality of life. Edward Elgar Publishing Limited，Northampton，2001.

［242］林恩·夏普·佩因．公司道德：高绩效企业的基石［M］．杨涤等译．北京：机械工业出版社，2004：75.

［243］曼瑟尔·奥尔森．权力与繁荣［M］．苏长和，嵇飞译．上海：上海人民出版社，2005：151~154.

［244］张维迎，盛斌．论企业家：经济增长的国王［M］．北京：生活·读书·新知三联书店，2004：136.

［245］周海林．可持续发展原理［M］．北京：商务印书馆，2004：215.

［246］迈尔斯．社会心理学（第8版）［M］．侯玉波等译．北京：人民邮电出版社，2006：474.

［247］张维迎，盛斌．论企业家：经济增长的国王［M］．北京：生活·读书·新知三联书店，2004：134~135.

［248］佘正荣．中国生态伦理传统的诠释与重建［M］．北京：人民出版社，2002：147，2，148.

［249］Ren Gloy，Luzern. 转引自佘正荣．中国生态伦理传统的诠释与重建［M］．北京：人民出版社，2002：3.

［250］艾伦·杜宁．多少算够——消费社会与地球的未来［M］．毕聿译．长春：吉林人民出版社，1997：37.

［251］舒马赫．小的是美好的［M］．虞鸿钧等译．北京：商务印书馆，1984：210.

［252］汤因比，池田大作．展望二十一世纪［M］．荀春生等译．北京：国际文化出版公司，1985：56～57.

［253］莱斯特·R. 布朗．建设一个持续发展的社会［M］．祝友三等译．北京：科学技术文献出版社，1984：280～281.

［254］迈尔斯．社会心理学（第8版）［M］．侯玉波等译．北京：人民邮电出版社，2006：99.

［255］迈尔斯．社会心理学（第8版）［M］．侯玉波等译．北京：人民邮电出版社，2006：479.

［256］燕继荣．政治学十五讲［M］．北京：北京大学出版社，2004：67.

［257］凯恩斯．就业利息和货币通论（第2版）［M］．徐毓枬译．北京：商务印书馆，1983：330.

［258］亨廷顿（Samuel P. Huntington）．文明的冲突与世界秩序的重建［M］．周琪等译．北京：新华出版社，1998：29～32，前言第1页．

［259］张维迎．产权、激励与公司治理［M］．北京：科学出版社，2005：3.

［260］迈尔斯．社会心理学（第8版）［M］．侯玉波等译．北京：人民邮电出版社，2006：8～9.

［261］丁长青主编．科学技术学［M］．南京：江苏科学技术出版社，2003：339.

［262］李克特．科学是一种文化过程．上海：三联书店，1989. 转引自丁长青主编，科学技术学［M］．南京：江苏科学技术出版社，2003：339.

［263］丁长青主编．科学技术学［M］．南京：江苏科学技术出版社，2003：339.

［264］丁长青主编．科学技术学［M］．南京：江苏科学技术出版社，2003：340.

［265］丽丝．自然资源：分配经济学与政策［M］．蔡运龙等译．北京：商

务印书馆，2002：23.

［266］盛洪．为什么人会选择对自己不利的制度安排．载盛洪编，现代制度经济学（下）［C］．北京：北京大学出版社，2003.

［267］黄津孚．中国传统文化在管理现代化中再现活力［J］．福建论坛·人文社会科学版，2005（3）．

［268］佘正荣．中国生态伦理传统的诠释与重建［M］．北京：人民出版社，2002：48，55，43，51，128，56.

［269］佘正荣．中国生态伦理传统的诠释与重建［M］．北京：人民出版社，2002：190，6.

［270］周海林．可持续发展原理［M］．北京：商务印书馆，2004：216.

［271］国家环境保护总局《WTO 新一轮谈判环境与贸易问题研究系列丛书》编委会编．WTO 新一轮谈判环境与贸易问题研究［M］．北京：中国环境科学出版社，2005：63，67，69.

［272］阿玛尔·毕海德．新企业的起源与演进［M］．魏如山，马志英译．北京：中国人民大学出版社，2004：前言第 4 页，绪论第 10 页．

［273］吴运建，吴建中，周良毅．企业技术创新能力综述［J］．科学学与科学技术管理，1995（10）．

［274］魏江，郭斌，许庆瑞．企业技术能力与技术创新能力的评价指标体系［J］．中国高新技术企业，1995（5）．

［275］许志晋，凌奕杰．企业技术创新能力的模糊综合评判［J］．科学学研究，1997（1）．

［276］杨宏进．企业技术创新能力评价指标的实证分析［J］．统计研究，1998（1）．

［277］曹崇延，王潍学．企业技术创新能力评价指标体系研究［J］．预测，1998（2）．

［278］曲国禹，刘学铭．对建立企业技术创新能力评价指标体系的探讨［J］．辽宁工学院学报，1999（1）．

［279］郑春东，和金生，陈通．企业技术创新能力评价研究［J］．中国软科学，1999（10）．

［280］毕建国．试论企业技术创新能力的综合评价［J］．机械管理开发，2000（2）．

［281］郑勤朴．浅谈定量评价企业持续创新能力［J］．理论与现代化，2001（5）．

［282］向刚．企业持续创新［M］．北京：科学出版社，2006：97～98.

［283］向刚．企业持续创新［M］．北京：科学出版社，2006：99～102.

［284］刘海芳．企业持续创新能力评价指标体系的分析与构建［J］．中小企业科技，2007（7）.

［285］吴友军．中小企业技术创新能力评价体系的构建［J］．统计与决策，2007（4）.

［286］王国进，王其藩．企业技术创新能力评价研究的新进展［J］．科研管理，2004（2）.

［287］罗素．人类的知识［M］．北京：商务印书馆，1983：119.

［288］席酉民等．和谐理论［M］．西安：西安交通大学出版社，2004：22.

［289］斯图尔特·克雷纳．管理大师 50 人［M］．柳松等译．海口：海南出版社，2000：78.

［290］戴布拉·艾米顿．创新高速公路——构筑知识创新与知识共享的平台［M］．北京：知识产权出版社，2005：8～11.

［291］Amidon. The Challenge of Fifth Generation R&D Research［J］. Technology Management，1996，39（4）：33－41.

［292］李正风，曾国屏．中国创新系统研究——技术、制度与知识［M］．济南：山东教育出版社，1995：23，15.

［293］刘海芳．企业持续创新能力评价指标体系的分析与构建［J］．中小企业科技，2007（7）.

［294］欧洲企业社会责任中心提供［J］．文惜编译，WTO 经济导刊，2005（6）.

［295］丁长青主编．科学技术学［M］．南京：江苏科学技术出版社，2003：171.

［296］迈克尔·波特．竞争论［M］．北京：中信出版社，2003：导论，第 388 页.

［297］国家环境保护总局《WTO 新一轮谈判环境与贸易问题研究系列丛书》编委会编．WTO 新一轮谈判环境与贸易问题研究［M］．北京：中国环境科学出版社，2005：93～94.

［298］范巍．云南铜业艾萨炉技改项目的后评价研究［D］．昆明理工大学硕士学位论文，2008.

［299］丁长青主编．科学技术学［M］．南京：江苏科学技术出版社，2003：130.

［300］R. L. Daft. Organization Theory and Design，6th ed［M］. St. Paul，MN：West Publishing，1998.

［301］斯蒂芬·P. 罗宾斯，玛丽·库尔特．管理学（第 7 版）［M］．孙健

敏等译. 北京：中国人民大学出版社，2004：278.

[302] 斯图尔特·克雷纳. 管理大师50人［M］. 柳松等译. 海口：海南出版社，2000：398.

[303] 斯蒂芬·P. 罗宾斯，玛丽·库尔特. 管理学（第7版）［M］. 孙健敏等译. 北京：中国人民大学出版社，2004：279.

[304] 戴布拉·艾米顿. 创新高速公路——构筑知识创新与知识共享的平台［M］. 北京：知识产权出版社，2005：76.

[305] 戴布拉·艾米顿. 创新高速公路——构筑知识创新与知识共享的平台［M］. 北京：知识产权出版社，2005：29.

[306] 彼得斯. 管理的革命［M］. 韩金鹏译. 北京：光明日报出版社，1999：19~47.

[307] 安可纳等. 组织行为与过程：企业永续经营的管理法则（第2版）［M］. 李梦学等译. 北京：中信出版社，2003：序第6页.

[308] 阿里·德赫斯. 长寿公司［M］. 王晓霞，刘昊译. 北京：经济日报出版社，1998：4.

[309] 彼得·圣吉. 第五项修炼——学习型组织的艺术与实务（第2版）［M］. 郭进隆译. 上海：上海三联书店，1998：7~12.

[310] 斯蒂芬·P. 罗宾斯，玛丽·库尔特. 管理学（第7版）［M］. 孙健敏等译. 北京：中国人民大学出版社，2004：275，279，274.

[311] 戴布拉·艾米顿. 创新高速公路——构筑知识创新与知识共享的平台［M］. 北京：知识产权出版社，2005：69.

[312] 斯图尔特·克雷纳. 管理大师50人［M］. 柳松等译. 海口：海南出版社，2000：76.

[313] 贝尔（Beer，M.），诺瑞亚（Nohria，N.）编. 管理大师剖析哈佛经典变革案例［M］. 陈伟，白小伟译. 北京：机械工业出版社，2004：前言，42~57.

[314] 郭咸纲. 西方管理学说史［M］. 北京：中国经济出版社，2003：185.

[315] 罗宾斯. 组织行为学精要［M］. 郑晓明等译. 北京：机械工业出版社，2000：33.

[316] 罗伯·高菲（Rob Goffee），盖瑞士·琼斯（Gareth Jones）. 公司精神——决定成败的四种企业文化［M］. 林洙如译. 哈尔滨：哈尔滨出版社，2003：237.

[317] 戴布拉·艾米顿. 创新高速公路——构筑知识创新与知识共享的平台［M］. 北京：知识产权出版社，2005：69，79，76.

［318］安可纳等．组织行为与过程：企业永续经营的管理法则（第2版）［M］．李梦学等译．北京：中信出版社，2003：102，92，101，107.

［319］张维迎，盛斌．论企业家：经济增长的国王［M］．北京：生活·读书·新知三联书店，2004：96.

［320］李正风，曾国屏．中国创新系统研究——技术、制度与知识［M］．济南：山东教育出版社，1995：24.

［321］天士力2000年招股说明书、天士力2002－2006年报及调研资料［EB/OL］.

［322］北京天士力文化发展有限公司编．文明之光：来自天士力的报告［M］．北京：经济日报出版社，2002.

［323］中国21世纪议程管理中心、环境无害化技术转移中心编．中国可持续商业发展案例［M］．北京：化学工业出版社，2005：72～84.

［324］闫希军，李文．运用项目管理推动实现中药现代化［J］．2002年杭州医药高峰会．

［325］李文．企业的项目化管理［C］．收录于《中国首届项目管理国际研讨会论文集》．

［326］TPM & MBP 让好主意成为现实［J］．中外管理，2003（2）．

［327］李文．企业任务项目化：突破成长型企业的执行瓶颈［J］．当代经理人，2003（12）．

［328］李文．李丹．企业多项目分级及信息管理［J］．项目管理技术，2004（1）.

［329］郭咸纲．西方管理学说史［M］．中国经济出版社，2003：序第1页．

［330］朱成全．经济学方法论［M］．大连：东北财经大学出版社，2003：126.

［331］丁长青主编．科学技术学［M］．南京：江苏科学技术出版社，2003：252.

［332］戴布拉·艾米顿．创新高速公路——构筑知识创新与知识共享的平台［M］．北京：知识产权出版社，2005：49.

［333］唐凯麟．导论：建构现代和谐社会的基石．载陆晓禾，金黛如主编．经济伦理、公司治理与和谐社会［C］．上海：上海社会科学出版社，2005：1.

[327] 李文等. 企业运作项目化，实施现代企业制度推进项目 [J]. 中外管理，2003（12）.

[333] 周惠芳，李达. 市场化和谐社会的基石——兼论股本、金融和主导经济伦理、公司治理与和谐社会 [C]. 上海：上海社会科学院出版社，2005：1.

后 记

本书是在我的博士学位论文基础上修改而成的。在此，我首先要感谢我的导师昆明理工大学向刚教授，教授不仅在论文写作方面给予我全力支持，还在生活上、精神上给予我极大的鼓励。谨向恩师向刚教授致以衷心的感谢！

在论文的设计和写作过程中，我得到昆明理工大学杨保建教授、段万春教授、顾幼谨教授、张悟移教授、可星教授，云南师范大学邹平教授的悉心指导；在论文的选题、设计过程中，还得到丹麦技术创新经济学家 Bent - Ake Lundvall 教授，美国创新管理专家 Mammo Muchie 教授，清华大学顾淑林教授，浙江大学吴晓波教授、陈劲教授、魏江教授等老师的指导，谨在此向他们表示衷心感谢！

在学位课程学习和论文的写作过程中，我的学长学弟给予了我大量的帮助，相互之间建立了深厚的友谊，他们是：孙红兵、赵泽宽、张亚昆、段云龙、赵明元、李泽建、傅强、高忠仕、李海萍、陶福平等人，他们使我受益良多，在此向他们表示衷心感谢！

在调研过程中，我得到了天津天士力制药股份公司、云南白药集团、云铜集团、云内动力等企业对调研工作的宝贵支持，在这里向他们表示感谢。特别要向天士力制药股份公司李文总经理、李丹主任表示衷心感谢！

在学习和论文研究过程中，我的家庭给予我极大的理解和支持，并做出了巨大的牺牲，才使我在这样的年龄得以专心读书学习。没有他们的理解、支持和付出，我将很难完成博士论文。在此，谨向他们表达我深深的谢意和歉意。

本书的出版得到了中国社会科学院经济学部企业社会责任研究中心的资助，中心钟宏武主任、张蒽副主任给予我毫无保留的鼓励与热心支持。经济管理出版社在本书出版过程中付出了热切的关注和努力，特别是陈力主任多次提出具体的指导修改意见，对我的多次修改和调整不厌其烦。中国青年政治学院杜智涛博士在书名的确定和对“增长的涌泉”的认识上提出了充满睿智的见解，使我深受启发。在此，我一并郑重致谢！

我的博士学位论文是三年前完成的。限于当时的经济社会背景和研究条件，本书只进行了较为粗浅的研究。无论是从理论还是现实来看，企业可持续创新及其实现都将是一个长期的探索过程。希望本书的出版能够对这一领域的深入研究起到抛砖引玉的作用，同时，书中不足之处，也望学界专家、广大读者批评指正。

书中的疏漏与遗憾使我一直心存愧疚。怀着这份愧疚，我将在今后的工作和研究中，倍加努力，以取得新的进步。

孙青春

2012 年 5 月 28 日